Hell leuchtet der Stern

Weihnachtliche Worte und Weisen

Hell leuchtet der Stern

Weihnachtliche Worte und Weisen

HERDER
FREIBURG · BASEL · WIEN

Weihnachtssonderband 2007

Herausgegeben von Ulrich Sander

Mit Beiträgen unter anderem von:

Heinz Josef Algermissen
Bettine von Arnim
Adalbert Ludwig Balling
Benedikt XVI.
Otto Betz
Max Bolliger
Dietrich Bonhoeffer
Phil Bosmans
Clemens Brentano
Matthias Claudius
Peter Dyckhoff
Theodor Fontane
Frère Roger, Taizé
Anselm Grün
Rainer Haak
Hanns Dieter Hüsch
Gisela Ibele
Franz Kamphaus
Margot Käßmann
Anthony de Mello
Eduard Mörike
Corinna Mühlstedt
Therese Nolte
Henri Nouwen
Huub Oosterhuis
Barbara Robinson
Ludwig Schick
Andrea Schwarz
Christa Spilling-Nöker
Pierre Stutz

Vorwort

Nicht nur Pflanzen leben vom Licht; auch wir Menschen sind auf unsere Weise „Lichtgestalten“: Ein Mangel an natürlichem Tageslicht führt zu Stimmungseinbrüchen – besonders in der dunklen Jahreszeit. Wenn die weihnachtliche Festzeit daher Licht und Dunkel, die „Nacht“ und den „Stern“, in den Mittelpunkt stellt, spricht sie seelische Bilder an, die tief in uns wurzeln. Von dem neugeborenen Kind in der Krippe von Betlehem heißt es in der Bibel: „In ihm war das Leben, und das Leben war das Licht der Menschen.“

Mit beliebten Weihnachtsliedern und -gedichten, aber auch mit Texten bekannter Autorinnen und Autoren will dieser Band einstimmen auf das weihnachtliche Licht. In sieben Kapiteln schreiten die Texte den Kreis der Festzeit ab: vom Lichteranzünden in Erwartung des weihnachtlichen Festes bis zum Licht, das wir für das neue Jahr wünschen, dessen Tage noch im Dunkel liegen.

Die Boten, die uns die Weihnachtsfreude ankündigen, können ganz verschiedene Züge tragen. In Barbara Robinsons berühmter Weihnachtserzählung ist es die Zigarre rauchende Hedwig, für Andrea Schwarz ist es ein „Engel namens Chantal“. Von Kapitel zu Kapitel begleiten Sie in diesem Band sieben „Lichtgestalten“, die für andere zu Boten des Himmels wurden: Barbara, Lucia und Nikolaus, der Erzengel Gabriel und die italienische „Hexe“ Befana, der Märtyrer Stephanus und die Drei Weisen aus dem Morgenland: Sie alle sind zu weihnachtlichen Boten geworden, weil in ihren Geschichten und auf ihren Gesichtern etwas von dem menschenfreundlichen Licht der Weihnachtsbotschaft aufgestrahlt ist.

In je eigener, manchmal überraschender Weise führen die Autoren dieses Bandes, Frauen und Männer, Katholiken und Protestanten, die vertrauten Bilder des Festes neu vor Augen: den Lichterbaum und den Brauch des Schenkens, die Wunder und Engel der weihnachtlichen Zeit und natürlich – den Stern über der Krippe. Ihre gemeinsame Botschaft ist: „Hell leuchtet der Stern". Das schließt Dunkelheit in Jahreszeit und Seele nicht aus, aber die Gewissheit ein, dass der Stern von Betlehem Leuchtspuren in unser Leben legen kann.

Eine solche Spur wünsche ich Ihnen – gesegnete Weihnachten!

Ulrich Sander

Inhalt

2 Der Lichterbaum

3 Vom Schenken und Beschenktwerden

Dann erschuf Gott einen neuen Stern,
wie man ihn noch nie vorher gesehen hatte.

Elisabeth von Thüringen

1

Ein Licht entzünden

Macht hoch die Tür

Worte: Georg Weißel (1590–1650)
Melodie: Halle 1704

Macht hoch die Tür, die Tor macht weit,
es kommt der Herr der Herrlichkeit,
ein König aller Königreich,
ein Heiland aller Welt zugleich,
der Heil und Leben mit sich bringt;
derhalben jauchzt, mit Freuden singt:
Gelobet sei mein Gott,
mein Schöpfer reich an Rat.

O wohl dem Land, o wohl der Stadt,
so diesen König bei sich hat.
Wohl allen Herzen insgemein,
da dieser König ziehet ein.
Er ist die rechte Freudensonn,
bringt mit sich lauter Freud und Wonn.
Gelobet sei mein Gott,
mein Tröster früh und spat.

Barbara

Am Fest der heiligen Barbara (4. Dezember) stellen viele Christen Barbarazweige in die Wohnung und hoffen darauf, dass sie an Weihnachten aufblühen. Dort, wo es im Winter dunkel und kalt wird, dort wo die äußere Kälte manchmal auch ins Herz dringt, dort soll in den Barbarazweigen die Liebe aufblühen.

Zahlreiche Legenden ranken sich um die heilige Barbara. Historisch gesichert scheint, dass sich die junge Frau gegen den Willen ihres Vaters taufen ließ und damit die gesellschaftlichen Konventionen ihrer Zeit verletzte. Im frühen vierten Jahrhundert musste sie während einer Christenverfolgung ihre Überzeugung mit dem Leben bezahlen.

Barbara bringt Christus, das wahre Licht, zu den Mitgefangenen und erhellt so die Dunkelheit des Gefängnisses. Gefangen fühlen sich heute viele Menschen: gefangen in inneren und äußeren Zwängen, gefangen von Ängsten, die nach ihnen greifen. Die Liebe bringt Licht in das Gefängnis unserer Angst.

Immer ein Lichtlein mehr

Immer ein Lichtlein mehr
im Kranz, den wir gewunden,
dass er leuchte uns so sehr
durch die dunklen Stunden.

Zwei und drei und dann vier!
Rund um den Kranz welch ein Schimmer,
und so leuchten auch wir,
und so leuchtet das Zimmer.

Und so leuchtet die Welt
langsam der Weihnacht entgegen.
Und der in Händen sie hält,
weiß um den Segen!

Matthias Claudius

Lichterkranz

Anselm Grün

In der Antike hat man den Sieger mit einem Kranz umkränzt. Der *Adventskranz* ist Ausdruck der Hoffnung, dass unser Leben gelingen wird, dass wir trotz aller Rückschläge im vergangenen Jahr doch unter dem Segen Gottes stehen. Der Adventskranz ist rund. So dürfen wir vertrauen, dass Gott all das in uns abrunden wird, was kantig und eckig ist. Im Adventskranz liegt die Hoffnung, dass das, was in uns auseinanderzufallen droht, von Gott zusammengehalten wird, dass wir ganz werden, eins mit uns selbst.

Indem wir auf den Adventskranz schauen, bitten wir Gott, dass er all die Konflikte, die uns im vergangenen Jahr auseinandergerissen haben, verwandeln möchte, so dass sie uns wieder zusammenführen und Gemeinschaft wieder möglich wird. Der Adventskranz verheißt uns, dass Gott all das, was im vergangenen Jahr unvollständig geblieben ist, abrunden und ganz machen wird.

Der Adventskranz hat *vier Kerzen*. Jeden Sonntag zünden wir eine weitere Kerze an, und jede Kerze hat ihre eigene Bedeutung. Die *erste Kerze* steht für die Verheißung der Einheit. Wenn wir die erste Kerze anzünden, drücken wir die Hoffnung aus, mit uns selbst eins zu werden, einverstanden zu werden mit uns, so wie wir sind, und mit unserem Leben.

Die Zwei ist immer die Zahl der Polarität. In uns ist Bewusstes und Unbewusstes, Verstand und Gefühl, Männliches und Weibliches, Lichtes und Dunkles. In der *zweiten Kerze* bringen wir unser Vertrauen zum Ausdruck, dass uns die Pole unseres Lebens nicht spalten, sondern dass sie eine gesunde Spannung erzeugen, die uns lebendig hält.

Die Drei steht für die drei Bereiche im Menschen, für Geist, Seele und Leib, oder für Bauch, Herz und Kopf. Die *dritte Kerze* steht für die Aufgabe, alle drei Bereiche unseres Menschseins vom Licht Gottes durchdringen und verwandeln zu lassen.

Die Vier steht für die vier Elemente. Wenn wir die *vierte Kerze* entzünden, vertrauen wir darauf, dass das Licht von Weihnachten alles Irdische, auch unseren konkreten Alltag erhellt. Auch in unseren alltäglichen Sorgen und Konflikten ist Gott da als das Licht und die Liebe, die alles verwandelt.

Adventssegen

Das Licht deiner Seele
leite dich, damit du lebendig bist
in allem, was du tust.
Gott gebe dir ein reines Herz
und Augen, die segnen, was sie sehen.
Mögest du ein Segen sein für deinen Nächsten
und dein Nächster ein Segen für dich.

Nach einem keltischen Segensgebet

Eine Kerze im Dunkel

Andrea Schwarz

Donnerstagmorgen, 6.15 Uhr. Durch die schneidend-kalte Luft tönt Glockengeläut. Am Kircheneingang brennt eine Lampe, einzelne Autos fahren heran, Menschen in dicken Wintermänteln, mit Mützen und Handschuhen, begrüßen sich leise, die Kirchentür fällt leicht quietschend ins Schloss. In der Kirche ist es still, da sucht jemand raschelnd was in seiner Manteltasche, dort knarrt eine Bank. Es ist dunkel, nur einzelne Kerzen flackern im Zugwind.

Und dann plötzlich die Orgel mit den alten Weisen, „O Heiland, reiß die Himmel auf!“ und „Tauet, Himmel den Gerechten“, die verheißungsvollen Worte, „Ein Kind wird uns geboren, ein Sohn wird uns geschenkt“, die vertrauten Gebete ... *Rorate* ...

Und ich spüre, wie mich diese Stimmung plötzlich berührt und einfängt. Da ist so viel Dunkel im Leben von uns Menschen – und auch manchmal in meinem Leben. Da sind die einsamen Stunden, in denen man nicht mehr weiterweiß, die Last auf den Schultern zu groß wird und niemand da ist, der tragen hilft. Da ist die alte Mutter, an Alzheimer erkrankt, die nicht mehr weiß, dass ihr Sohn sie vor einer Stunde besucht hat. Da ist der greise Mann, der sterben will und nicht sterben kann. Ich sehe die weinenden Eltern vor mir, als ich mit der Polizei die Todesnachricht überbringe. Ich denke an das Trauergespräch, in dem ich, zusammen mit den Angehörigen, nur fragen kann „Warum?“. Barbara fällt mir ein, die mit ihren drei kleinen Kindern von ihrem Mann sitzen gelassen wurde und der das Geld hinten und vorne nicht reicht. Thorsten hat die Kündigung bekommen, und er weiß ziemlich genau: Über 50? – Keine Chance! Simones Freund hat grad Schluss gemacht – und Peter, der kleine Ministrant da vorne am Altar, weiß noch nicht, ob er das mit dem Gymnasium wirklich packen wird.

„O komm, o komm Immanuel, befrei dein armes Israel!" Möge Gott doch in all diese Dunkelheiten von uns Menschen hineinkommen, sich verströmen, sich vergießen, möge er all das Dürre in mir benetzen, mich neu beleben, die Wasser des Lebens in mir sprudeln lassen!

Die alten Worte werden plötzlich zu meinen Worten, zu meinen Bitten, zu meinem Gebet …

An diesem Morgen kann ich sie mir eingestehen, die Dunkelheiten meines Lebens, kann mich berühren lassen vom Dunkel der anderen, fühle mich im Schmerz verbunden, in der Angst, der Traurigkeit.

Das ist nicht immer so. Und auch das hat seine Richtigkeit: Ich kann nicht jeden Tod mitsterben, ich kann nicht jedes Problem lösen, nicht jede Einsamkeit nehmen. Und die Fülle an Leiden und Schmerzen, mit der wir gelegentlich konfrontiert sind, lässt uns manchmal auch gar keine andere Wahl. Dann ist bei aller Nähe gefragt, dass ich so distanziert sein und bleiben kann, dass ich handlungsfähig bleibe – im Interesse derer, mit denen ich lebe und für die ich arbeite.

Aber gerade diese notwendige Distanz kann es manchmal mit sich bringen, dass man auch abstumpft, das Leiden und die Schmerzen gar nicht mehr an sich heranlässt. Man vermeidet die Berührbarkeit, weil es weh tut, weil man keine Perspektiven mehr sieht, weil die Kraft nicht mehr reicht. Dann wird es hart in mir, unbarmherzig, dann wächst mir eine Hornhaut auf der Seele. Dann sehe ich den anderen nicht mehr als Mensch, sondern nur noch als „Fall", als zu lösendes Problem, als Punkt auf meiner „Zuerledigen-Liste". Und das ist nicht nur in den seelsorglichen Berufen eine Gefahr, sondern in allen helfenden Berufen, auch bei Pflegenden und Medizinern … Es gibt aber eine noch größere Gefahr: Es kann geschehen, dass ich auch die Berührung mit mir selbst vermeide, dass ich mir selbst und meinen Dunkelheiten gegenüber abstumpfe, mir selbst gegenüber hart werde, nur noch funktioniere, aber nicht mehr lebendig bin.

Wie aber will ich auch nur ansatzweise die Schmerzen anderer verstehen, wenn ich selbst nicht mehr weiß, was Schmerzen sind? Wie will ich mich in das Dunkel der anderen hineinbegeben, wirklich hineinbegeben, wenn ich Angst vor meinem Dunkel habe? Wie will ich anderen vom Wasser des Lebens geben, wenn in mir alle Brunnen und Quellen versiegt sind? Wie kann ich Weinende trösten, wenn ich vergessen habe, wie man weint?

Donnerstagmorgen, 6.15 Uhr: „Tauet, Himmel, den Gerechten, Wolken, regnet ihn herab!“ Es ist meine bange Nacht, es ist meine Dunkelheit, es ist meine Angst, aus der heraus ich rufe. Es ist die Angst, dass es der Dunkelheiten zuviel sind, dass ich sie nicht mehr mittragen kann. Es ist die Angst davor, dass es in mir kalt und hart wird, die Lebendigkeit in mir verdorrt aus Angst vor den Schmerzen, dass ich austrockne, weil vor lauter Terminen und Aktivitäten die Quelle meines Lebens verloren gegangen ist.

Gott, tau dich in die Dürre meines Lebens hinein! Mache lebendig, was in mir gestorben ist! Verströme dich in mir, in mich hinein! Lass nicht zu, dass ich hart werde und unbarmherzig! Nicht mir selbst – und nicht den anderen gegenüber!

Und die Zeile eines Gedichtes von Dorothee Sölle fällt mir ein, die mein Bitten, mein lautloses Schreien auf den Punkt bringt: „Gib mir die gabe der tränen gott“. Lass mich weinen können, um mich, um die anderen. Regne dich auf mich herab, damit ich berührbar bleibe! Lass nicht zu, dass ich mich verstecke, vor mir selbst und den anderen!

Und mit diesem Schrei öffne ich mich. Ich öffne mich für dich, Gott – „Tauet, Himmel, den Gerechten! Wolken, regnet ihn herab!" Tau dich auf mich herab, tau dich in mich hinein! Regne dich in meine Trockenheit hinein! Tränke, was verdorrt ist! Schenk mir Hoffnung, lehre mich, mit meiner Einsamkeit umzugehen! Gib mir Mut gegen meine Angst, gib mir Hoffnung wider alle Hoffnungslosigkeit! …

„Ein Volk, das im Dunkel lebt, sieht ein helles Licht; über denen, die im Land der Finsternis sitzen, strahlt ein Licht auf" (Jesaja 9,1).

Im Dunkel der Kirche strahlt noch kein helles Licht auf – und auch nicht in meinem Leben. Aber mein Blick fällt auf die Kerze vor mir, die notdürftig den Text des Liedes im Gesangbuch erhellt. Ich schlage das Buch zu – und schaue auf die kleine Flamme. Ich will sie jetzt nicht verzwecken, sie ist nicht dazu da, um zu …

Sie ist einfach da. Sie hat keinen Ehrgeiz, sie maßt sich gar nicht an, die ganze Kirche erhellen zu wollen. Sie brennt einfach vor sich hin, gibt sich und verschenkt sich. Und sie fragt nicht, was es bringt.

Und doch – diese kleine Kerzenflamme wird zu einem Lichtpunkt im Dunkel. Meine Augen suchen sie, sie wärmt ein klein bisschen an diesem kalten Morgen, sie kann das Dunkel nicht vertreiben – und doch erzählt sie von der Hoffnung gegen alle Hoffnungslosigkeit, sie erzählt davon, dass es ein Licht gibt, das in unsere, in meine Dunkelheiten hineinkommt.

… und wir sehen schon den Stern

Noch ist Herbst nicht ganz entflohn,
Aber als Knecht Ruprecht schon
Kommt der Winter hergeschritten,
Und alsbald aus Schnees Mitten
Klingt des Schlittenglöckleins Ton.

Und was jüngst noch, fern und nah,
Bunt auf uns herniedersah,
Weiß sind Türme, Dächer, Zweige,
Und das Jahr geht auf die Neige,
Und das schönste Fest ist da.

Tag du der Geburt des Herrn,
Heute bist du uns noch fern
Aber Tannen, Engel, Fahnen
Lassen uns den Tag schon ahnen,
Und wir sehen schon den Stern.

Theodor Fontane

Mein Licht in die Mitte stellen

Mein Licht
nicht länger verstecken –
es leuchten lassen
wie es Kinder tun

Mein Licht
in die Mitte stellen –
zu meinen Gaben stehen
darin meine Lebensaufgabe erkennen

Mein Licht
hineinscheinen lassen
in dunkle Situationen der Verzweiflung
und Ungerechtigkeit

Mein Licht
einfließen lassen
ins gemeinsame Spiel der Lichter
der weltweiten Verbundenheit

Mein Licht
ist nicht mein Licht
sondern Ausdruck
des göttlichen Lichtes

Pierre Stutz

Vom Engel des Lichts

Christa Spilling-Nöker

In der Adventszeit zünden wir die ersten Kerzen an. Aber anstatt im Lichtschein zur Ruhe und zu innerem Frieden zu gelangen, setzen wir uns unter neuen Leistungsdruck: Was müssen wir bis zum Fest noch alles erledigen, wie viele Plätzchen wollen noch gebacken, wie viele Geschenke noch besorgt werden. Wir hetzen umher und fragen uns, wie wir alle vor uns liegenden Aufgaben bewältigen und uns zugleich auf Weihnachten von innen her einstimmen können.

Vielleicht, indem wir uns auf den Engel des Lichts einlassen. Er will uns die Augen dafür öffnen, dass wir uns mehr mit unserem Herzen als mit unserem Geldbeutel auf die Menschen besinnen, die uns nahe stehen. Vielleicht ist ein lieber Brief, für den wir uns Zeit nehmen, mehr wert als ein teures Geschenk, vielleicht ist die Zeit für ein Gespräch notwendiger als ein gründlicher Hausputz.

„Steh auf, werde Licht! Denn gekommen ist dein Licht" (Jesaja 60,1).

Hoffnungslichter

Margot Käßmann

Gott will uns besuchen. Auf diesen Besuch bereiten wir uns jedes Jahr vor – besonders die Adventszeit ist eine Zeit der Vorbereitung und des Wartens. „Durch die herzliche Barmherzigkeit unseres Gottes wird uns besuchen das aufgehende Licht aus der Höhe“ (Lukas 1,78). Gott kommt zu uns Menschen – durch seine „herzliche Barmherzigkeit“, die diesen Besuch ermöglicht. Barmherzigkeit ist in unserer Zeit nicht gerade ein sehr viel verwendeter Begriff. Er kommt in der Alltagssprache kaum noch vor. Aber verständlich ist er geblieben: Barmherzigkeit – das heißt: sich jemandes annehmen ohne Vorbedingung und ohne Vorleistung. Genau das ist Gottes Barmherzigkeit, sein Erbarmen. Vielleicht verstehen das Menschen, die leiden, am besten. Wir werden erinnert, wie Menschen, deren Menschenrechte mit Füßen getreten werden, um Erbarmen flehen. Gott weiß von diesem Leiden. Weil Gott sich erbarmt, geben wir Hoffnung weiter in unserer Welt.

2

Der Lichterbaum

Am Weihnachtsbaum die Lichter brennen

Worte: Hermann Kletke (1813–1886)
Melodie: Mitte des 19. Jahrhunderts

Am Weihnachtsbaum die Lichter brennen,
wie glänzt er festlich, lieb und mild,
als spräch er: „Wollt in mir erkennen
getreuer Hoffnung stilles Bild!“

Zwei Engel sind hereingetreten,
kein Auge hat sie kommen sehn;
sie gehn zum Weihnachtstisch und beten
und wenden wieder sich und gehn.

Kein Ohr hat ihren Spruch vernommen;
unsichtbar jedes Menschen Blick
sind sie gegangen, wie gekommen;
doch Gottes Segen blieb zurück.

Lichtgestalten

Lucia

Lucia heißt: „die Lichte, Leuchtende, die Lichtbringerin". Die Legende erzählt, dass sie ihre Mitgift den Armen austeilte und nachts den verfolgten Christen Lebensmittel brachte. Damit sie beide Hände mit Gaben füllen konnte, befestigte sie auf ihrem Kopf ein Öllämpchen, das ihr den Weg zeigte.

Es ist ein wunderbares Bild: Lucia bringt Licht, indem sie den Armen und Bedrängten Gaben austeilt, indem sie Menschen beschenkt. Und sie bringt Licht durch die Leuchte auf ihrem Kopf: Durch ihr anderes Denken spendet sie den Menschen Licht.

Bis heute ziehen zum Lucia-Fest (13. Dezember), das vor allem in Schweden verbreitet ist, Mädchen mit Lichterkronen durch die Straßen und bringen ihr Licht als Symbol der Hoffnung zu Armen, Einsamen und Kranken.

Ein Weihnachtsbaum

Weil Tannenzweig hat kein Gewand
Als nur ein Kleid aus Nadeln,
Hat ihn erwählt die Gnadenhand
Als „Christbaum“ ihn zu adeln.

Die Erde schmückt den Lebensbaum
Mit Blumen und mit Früchten,
Mit Bild und Zierat, Schaum und Traum
Und weltlichen Geschichten.

Der Himmel zünd't die Lichtlein an,
Die lieben hellen Sterne,
Und knüpft die schönsten Mährlein an
Von oben aus der Ferne.

Die liebe Mutter Erde hat
Gar viel der bunten Gaben,
Sein bisschen Gold soll jedes Blatt,
Sein Zuckerwerk auch haben.

Der Himmelsvater schmückt den Baum
Mit höheren Geschenken,
Mit Hoffnung, Glaube, Liebestraum,
Mit Fühlen und mit Denken.

Wer diese Lichtlein mit sich bringt,
die Gott ihm hier bescherte,
Zu dem sagt Christus unbedingt:
Du bleibst mein Kind, das werte.

Moritz Gottlieb Saphir

Tannenzweige und viel mehr

Heinz Josef Algermissen

Die Schaufenster der Geschäfte in unseren Städten sind zu keiner Zeit im Jahr so geschmückt wie in der Adventszeit. In den Innenstädten stehen jetzt Weihnachtsbäume, aus Tannenzweigen geflochtene Girlanden überspannen die Straßenzüge, hier ein Stern und da ein Engel; der Duft von den Ständen mit ihren Kräuterbonbons durchzieht die Straßen. Nirgendwo kann man sich retten vor den Kinderchören, die mit Weihnachtsliedern vom Endlosband aus jedem verfügbaren Lautsprecher hervortönen. Mit „O du fröhliche" und „Stille Nacht" wird man an Kaufhaustüren begrüßt. Und „alle Jahre wieder" gibt es die Stimmen, die das alles heftig kritisieren …

An den Vorwürfen ist mit Sicherheit viel Richtiges. Wer kann ernsthaft bestreiten, dass über der ganzen Atmosphäre ein deutlicher Hauch von Oberflächlichkeit liegt. Wenn wir bedenken, dass es im Advent und an Weihnachten um die Menschwerdung Gottes geht, wirkt vieles tatsächlich sehr geschäftsmäßig. Aber ich glaube trotzdem, dass all die Äußerlichkeiten nicht nur Kritik hervorrufen müssen … Um nicht missverstanden zu werden: Ich will nicht den Kommerz verteidigen. Ich meine nur: Es liegt bei jedem von uns, mit welchen Augen wir das vorweihnachtliche Treiben betrachten …

Beim Propheten Jesaja heißt es: „Die Wüste und das trockene Land sollen sich freuen, die Steppe soll jubeln und blühen" (Jesaja 35,1). Die Natur sollte also mithelfen, die Menschen einzustimmen. Was für Jesaja damals die Wüste war, sind heute die Geschäftsviertel: Orte, die oft leer, unwohnlich, zuweilen auch garstig sind. Und jetzt werden bei uns gerade diese Orte geschmückt! Das, was ausgetrocknet schien, wird begrünt. Und zwar mit den symbolträchtigen Zweigen von Tannen, die auch im Winter noch Leben zeigen. Da, wo sonst nur Reklame sichtbar ist, finden sich plötzlich Lichter von Sternen, oft mit viel Mühe und Liebe von den Angestellten der Städte und Gemeinden hergerichtet … Es liegt an mir, ob ich an den vielen Sternen der Lichterketten vorbeilaufe oder mich von ihnen zu einem Gebet bewegen lasse, wenn mir ein Stern besonders ins Auge fällt: „Gott, wie einmal ein Stern Menschen nach Betlehem geführt hat, lass mich an diesem Tag nicht die Orientierung auf dein Fest verlieren." …

Jeder, der sich das bunte Treiben in den Fußgängerzonen in diesen Wochen anschaut, müsste – trotz allem berechtigten Ärger über die Vermarktung – schmunzeln und sagen können: „Gott, es ist doch wunderbar, wie du immer wieder so viele Menschen in Bewegung setzt, ohne dass sie es vielleicht überhaupt nur merken."

Und was haben Sie für einen Weihnachtsbaum?

Andrea Schwarz

Ehrlich gesagt, wenn Sie drei Tage vor dem Fest noch keinen Weihnachtsbaum haben, dann haben Sie ziemlich schlechte Karten. Nicht, dass die Händler keine Tannen oder Fichten mehr hätten, aber die Prachtexemplare sind garantiert schon lange ausverkauft. Das, was jetzt noch auf den Christbaummärkten zu finden ist, das sind die Bäume, die keiner wollte: Ein bisschen krumm gewachsen, an einer Stelle fehlt eindeutig ein Ast, und die Nadeln könnten auch etwas dichter sein. Und ob er wirklich noch so ganz frisch ist?

Vor einigen Jahren verbrachte ich mit einer Gruppe ein Adventswochenende. Und dabei wurde uns der Gedanke wichtig, dass Gott sich in einem Kind klein macht, um zu uns Menschen zu kommen, so wie wir sind, mit all unseren Fehlern, all unseren Unzulänglichkeiten, mit all dem, was an uns schief und krumm ist. Und gerade das ist ja das Befreiende unseres Glaubens – dass wir eben nicht perfekt sein müssen, damit unser Gott zu uns kommt. „Ja", sagte da plötzlich eine Teilnehmerin nachdenklich, „Gott kommt zu uns in unsere Unvollkommenheit – und was machen wir? Wir suchen den perfekten Weihnachtsbaum!" Wir anderen schwiegen einen Moment völlig verblüfft ob dieser kühnen Gedankenverbindung – aber da sprach sie auch schon weiter: „Und was ist mit den Bäumen, die ein bisschen schief sind oder ein wenig ungleichmäßig? Oder denen ein Ast fehlt? Oder …? Dürfen die denn nie Weihnachtsbaum sein?"

Kurz und gut – wir erklärten uns kurzerhand solidarisch mit all den Weihnachtsbäumen, die niemand wollte und vereinbarten, in dem Jahr einen Baum „mit Macke" zu kaufen. Entschlossen ging ich einige Tage später zu einem Christbaummarkt. Der Händler kam schon auf mich zu und fragte eifrig: „Was für einen Baum hätten Sie denn gerne?“ Ich überlegte nicht lange und sagte: „Einen Baum mit Macke!“ – „Wie bitte?“, fragte der Händler ungläubig zurück. „Na ja, einen Baum mit irgendeinem Fehler halt!“ Er machte vorsichtshalber einen Schritt zurück – man konnte ja nie wissen. Ich sah mich jetzt doch etwas im Erklärungsnotstand, erzählte von unserem Kurs und der Idee – mit dem Ergebnis, dass der Händler noch einen Schritt zurücktrat, mich nachsichtig anschaute und sagte: „Wissen Sie, da vorne gibt es noch einen Christbaummarkt, vielleicht fahren Sie da mal hin – die haben eine größere Auswahl!“

Etwas belämmert zog ich ohne Baum ab, aber man ist ja lernfähig. Beim nächsten Händler ging ich vorsichtiger vor. Als er mich nach meinen Wünschen fragte, sagte ich, vollkommen den Regeln gemäß: „Eine Nordmanntanne!“ Er zeigte mir mehrere Bäume, und als er beim vierten schließlich sagte: „Aber dem fehlt ein Ast, den können Sie nur in eine Ecke stellen!“, stand meine Entscheidung fest: Das war mein Baum! Und mit dem zog ich auch ganz zufrieden nach Hause.

Seit der Zeit habe ich sehr bewusst jedes Jahr einen Weihnachtsbaum „mit Macke“ … Und manchmal, am ersten Feiertag zum Beispiel, abends nach der Weihnachtsvesper, da mag es sein, dass ich in meinem Wohnzimmer bei einem Glas Rotwein sitze, mir meinen „unperfekten“ Weihnachtsbaum anschaue und denke: Ja, gerade Weihnachten ist die Botschaft, dass wir nicht perfekt sein müssen. Gott kommt uns mitten in unsere Unvollkommenheit entgegen, ja kommt sogar in einem Stall zur Welt, wird Kind – damit wir nicht dem Wahn der Perfektion erliegen …

Tannenduft

Anselm Grün

Die Tannenzweige des weihnachtlichen Schmuckes verbreiten einen eigenartigen Duft. Wenn ich diesen Tannengeruch rieche, dann kommen Gefühle hoch, die ich als Kind an Weihnachten hatte. Da ist dann eine Ahnung, dass unser Haus, dass mein Zimmer durch die Geburt Christi anders geworden ist, dass Gott mir nahe gekommen ist und er in meinem Hause, in meinem Zimmer wohnt. Und seine Nähe verbreitet einen Duft von Heimat und Geborgenheit, von Zärtlichkeit und Liebe. Es ist keine Nostalgie, die durch diesen Weihnachtsduft aufsteigt, sondern die Ahnung, dass Gott, das Geheimnis, selber unter uns wohnt. Und weil das Geheimnis unter uns wohnt, können wir in unserem Hause daheim sein. In der Tanne stellen wir die Wirklichkeit des Waldes, ja der Natur und der ganzen Schöpfung in unser Haus. Da wird der Zwiespalt von Natur und Zivilisation aufgehoben, da ahnen wir, dass wir auch in unseren Häusern teilhaben an der Kraft, die aus der Mutter Erde strömt. Durch die Menschwerdung Gottes wurde die ganze Schöpfung geheiligt. Und wir Menschen haben teil an dieser vergöttlichten Schöpfung.

O Tannenbaum

O Tannenbaum, o Tannenbaum,
Wie treu sind deine Blätter!
Du grünst nicht nur zur Sommerzeit,
Nein, auch im Winter, wenn es schneit.
O Tannenbaum, o Tannenbaum,
Wie treu sind deine Blätter!

O Tannenbaum, o Tannenbaum,
Du kannst mir sehr gefallen!
Wie oft hat schon zur Winterszeit
Ein Baum von dir mich hoch erfreut!
O Tannenbaum, o Tannenbaum,
Du kannst mir sehr gefallen!

O Tannenbaum, o Tannenbaum,
Dein Kleid will mich was lehren:
Die Hoffnung und Beständigkeit
Gibt Trost und Kraft zu jeder Zeit!
O Tannenbaum, o Tannenbaum,
Dein Kleid will mich was lehren!

Ernst Anschütz

Der Gabenbaum

Adalbert L. Balling / Ulrich Sander

Aus Freiburg im Breisgau stammt die erste urkundliche Erwähnung des Christbaums. 1419 hatte die Freiburger Bäckerschaft einen Baum mit allerlei Süßgebäck, Nüssen und Früchten geschmückt, den die Kinder im neuen Jahr plündern durften. Im 16. Jahrhundert wird erwähnt, dass im Straßburger Münster ein Weihnachtsbaum aufgestellt wurde. In Aufzeichnungen aus dem Jahr 1605 heißt es unter anderem. „Auf Weihnachten richtete man Tannenbäume zu Straßburg in den Stuben auf, daran hängte man Rosen aus vielfarbigem Papier geschnitten, Äpfel, Oblaten, Zucker usw.“ Von Tannenzweigen, die mit Äpfeln und Oblaten geschmückt um die Weihnachtszeit in den Stuben aufgestellt wurden, ist schon etwas früher die Rede und auch davon, dass am Dreikönigstag die Kinder die mit Zucker behangenen Zweige „plündern“ durften. Der Gabenbaum nahm also wahrscheinlich vom Elsass aus seinen Siegeszug quer durch Europa und später auch in andere Erdteile.

In Franken ist schon um 1600 ein Aquarell entstanden, das den heiligen Christophorus mit dem Jesuskind auf den Schultern zeigt, einen Bach überquerend. In seiner Rechten hält er einen Gabenbaum, voll beladen mit Backwerk, Würsten und Obst. Das Christkind greift nach einer gebratenen Gans. Der Weihnachtsbaum ist dann im 18. Jahrhundert fast gang und gäbe. Im Jahre 1737 wird er in Wittenberg erwähnt, 1780 in Berlin. 1775 führte Johann Wolfgang von Goethe den Weihnachtsbaum am Hof von Weimar ein.

Schweigend vor dem Licht

Pierre Stutz

Die Sehnsucht nach der Kraft des Schweigens nimmt von Jahr zu Jahr zu; sogar Jugendliche sagen immer häufiger, dass sie „abschalten möchten". Darin drücken sich unser Wunsch und zugleich unsere Überforderung aus, still zu werden.

Weihnachten aktualisiert sich da, wo Menschen Neues wagen und mutig werden, die Ohnmacht zu durchbrechen. Darum werden die Kerzen des Weihnachtsbaumes miteinander angezündet, eine nach der anderen, indem jede/r sagen kann, für wen diese Kerze brennen soll, für Lebende und Verstorbene, für Menschen in der Nähe, für sich selber, für Menschen auf der ganzen Welt. Als Familie, im Freundeskreis bewusst die vielen Kerzen schweigend anschauen, lässt miteinander die Tiefe des Lebens erfahren.

„Das Schönste an der Weihnachtszeit sind die vielen Lichter", sagt eine muslimische Familie. Rund um die Advents- und Weihnachtszeit feiern jüdische Menschen das Chanukka-Lichterfest. In Erinnerung an die Tempelweihe 164 vor Christus und an das Wunder, dass das Öl des einen Kruges acht Tage lang nicht ausging, wird auf dem achtarmigen Chanukka-Leuchter täglich ein Öllämpchen oder eine Kerze angezündet.

In der Begegnung mit Menschen aus anderen Religionen sind wir selber wieder herausgefordert, die Wurzeln unserer christlichen Tradition zu entdecken. Im Erleben der Gastfreundschaft, nicht nur in der Weihnachtszeit, sondern das ganze Jahr hindurch, können bereichernde Begegnungen zwischen Menschen verschiedener Religionen entstehen.

Der wiedergefundene Lebensbaum

Joseph Ratzinger / Benedikt XVI.

Vor einigen Jahren hatte ich das Glück, den wohl ältesten uns erhalten gebliebenen Christbaum der Welt zu sehen, der so etwas wie das Hochaltarbild der Kirche zu Christkindl bei Steyr ist. Die Geschichte des Baumes führt in das Jahr 1694. Damals hatte Steyr einen neuen Türmer und Chorregenten erhalten, der an Epilepsie litt, an der „hinfallenden Krankheit“, wie es die Chronik treuherzig ausdrückt. In Melk, von wo er kam, hatte er die Verehrung des Jesuskindes gelernt. Nun stellte er in die Höhlung einer Tanne von mittlerer Größe ein Bild der heiligen Familie und hielt dort seine Andacht, von der er sich gestärkt und getröstet fühlte. Dann erfuhr er von einem Bild des Christkinds, das einer gelähmten Nonne Heilung gebracht hatte. Er erhielt schließlich eine getreue Nachbildung davon: ein wächsernes Jesuskind, das in der einen Hand das Kreuz, in der anderen die Dornenkrone trägt. Jetzt brachte er dieses zu dem Baum, hielt vor ihm seine Andacht und fühlte eine heilende Kraft davon ausgehen.

Allmählich erfuhren die Menschen davon; sie begannen, zu dem Christkind im Baum zu pilgern. Gegen das Zögern der kirchlichen Obrigkeit zu Passau setzten sie es durch, um diesen Baum herum ein Kirchlein zu bauen. So wurde 1708 der Grundstein gelegt zu der Christkindlskirche, die nach dem Vorbild von Santa Maria Rotonda zu Rom von den berühmtesten österreichischen Baumeistern der Zeit errichtet wurde. Sie ist gleichsam zur kostbaren Schale geworden für den Baum, aus dem Altar und Tabernakel hervorwachsen: Noch immer trägt der Baum auch das das kleine, wächserne Jesuskind, das von Krone und Strahlen umgeben Verheißung und Hoffnung für die Menschen ist.

Für mich ist diese Begegnung nicht nur Auslegung eines unserer schönsten Weihnachtsbräuche geworden, sondern von ihm her Zugang zur Mitte des weihnachtlichen Geheimnisses selbst. Dieser Baum steht ja nun da als der wiedergefundene Baum des Lebens aus dem Paradies – „der Cherub steht nicht mehr dafür". Dieser Baum ist Maria mit der gebenedeiten Frucht ihres Leibes: Jesus. Jesus aber ist da als Kind, unbewehrt, einladend, „Emmanuel", Gott zum Anfassen, Du-Sagen. Er lädt uns zu sich ein, uns, die wir in einem sehr tiefen Sinn doch alle unter der „hinfallenden Krankheit" leiden. Immer wieder sind wir unfähig, inwendig aufrecht zu gehen und zu stehen. Immer wieder fallen wir hin, sind nicht Herr über uns selbst, entfremdet und unfrei. Die Rotunde des Baues unterstreicht diese Aussage noch. Das kreisförmige Achteck ist die klassische Form der Taufkirche, die wiederum an uralte religionsgeschichtliche Überlieferungen anknüpft, an die Höhle und den Rundbau, die den Mutterleib – das Geheimnis der Geburt andeuten …

Wir müssen wiedergeboren werden. Wir müssen angenommen werden und uns annehmen lassen. Wir müssen unsere Abhängigkeit in Liebe verwandeln lassen und darin frei werden. Wir müssen wiedergeboren werden, den Stolz ablegen, Kind werden: im Kind Jesus die Frucht des Lebens erkennen und empfangen. Dazu will Weihnachten uns führen; das ist die Wahrheit des Kindes, der Frucht vom Baum des Lebens. Der Baum zu Christkindl, der uns dies sagt, ist zugleich Monstranz: Hervortreten dessen, der Brot des Lebens ist; Sichtbarwerden des Heils. Und er ist Kreuz und konnte so zum Altar werden … Der wahre Lebensbaum ist nicht fern von uns, irgendwo in einer verlorenen Welt. Er ist in unserer Mitte aufgestellt …

3

Vom Schenken und Beschenktwerden

Alle Jahre wieder

Worte: Strophen 1 und 2 Wilhelm Hey (1789–1854)
Melodie: Friedrich Silcher (1789–1860)

Alle Jahre wieder
kommt das Christuskind
auf die Erde nieder,
wo wir Menschen sind.

Kehrt mit seinem Segen
ein in jedes Haus,
geht auf allen Wegen
mit uns ein und aus.

Aus der Himmel Ferne,
wo die Englein sind,
schaut doch Gott so gerne
her auf jedes Kind.

Sagt den Kindern allen,
dass ein Vater ist,
dem sie wohl gefallen,
der sie nie vergisst.

Lichtgestalten

Nikolaus

Der heilige Nikolaus lebte im vierten Jahrhundert als Bischof in der kleinasiatischen Stadt Myra. Eines Nachts – so erzählt man – warf er drei armen Mädchen einen Beutel Gold durchs Fenster, um ihnen eine Aussteuer zu sichern. So entstand die Überlieferung, er bringe in der Nacht zum 6. Dezember den Kindern Geschenke.

Nikolaus wird nicht nur bei uns, sondern vor allem von den Christen im Osten hoch verehrt. Seine Ikonen vermitteln den Eindruck: Dieser Mann liebt nicht nur die Menschen, er ist Liebe. Alles in ihm strahlt diese Liebe aus. Sie hat Bischof Nikolaus dazu geführt, überall dort einzugreifen, wo Lieblosigkeit, Kälte und Ungerechtigkeit herrschten.

Der Brauch, am Nikolaustag und in der Weihnachtszeit andere Menschen mit Süßigkeiten zu beschenken, hat einen tiefen Sinn. Er sagt: „Schau nicht nur auf dich, sondern auch auf die, die unter der Bitterkeit ihres Lebens leiden. Vielleicht weckt Nikolaus in dir die Fantasie, wie du ihr Leben versüßen kannst."

Allein aus freiem Herzen

Der ist ein Narr, der schenket Gut
Und es nicht gibt mit frohem Mut
Und dazu sauer und böse sieht,
Dass keinem Liebes damit geschieht;
Denn der verliert wohl Dank wie Gabe,
Wer so bedauert verschenkte Habe.
Wer will mit Ehren Geschenke machen,
Der tu's als guter Geselle mit Lachen
Und sprech nicht: „Zwar, ich tu's nicht gern!“,
Will er nicht Dank und Lohn entbehrn.
Denn Gott sieht dessen Gab nicht an,
Der nicht mit Freuden schenken kann;
Das Seine mag jeder behalten wohl,
Zum Schenken man niemand zwingen soll;
Allein aus freiem Herzen kommt
Geschenk, das einem jeden frommt.

Sebastian Brant

Vom Schenken und Sich-beschenken-Lassen

Andrea Schwarz

„Schenken" wird oft auf „Geben und Nehmen" reduziert, weil man meint, man schenkt, weil es ja schon immer so war, weil mir der andere auch etwas geschenkt hat, um selbst etwas geschenkt zu bekommen. Und damit verraten wir das „Geheimnis des Schenkens".

Schenken hat etwas mit Liebe zu tun – mit zweckloser Liebe. Aus meiner Freuede am Leben heraus, aus meiner Freude am anderen, verschenke ich etwas, vielleicht sogar mich. Liebe aber rechnet nicht, Liebe gibt. Liebe schenkt und fragt nicht nach dem Dank. Die Überraschung des anderen, seine Freude, ist Dank genug. Dem anderen beim Auspacken zuzuschauen, seine Augen zu sehen, das mag dem Schenkenden oft sogar mehr Freude machen als dem Beschenkten selbst. In einem solchen Sinn mag das „Schenken" sogar ein durchaus eigennütziger Vorgang sein – indem ich den anderen beschenke, beschenke ich mich. Dann ist Schenken keine Last, sondern viel mehr reine Lust. Wenn das Schenken mühsam wird, stimmt irgendetwas nicht. Dann ist es möglicherweise zur Pflicht verkommen, statt aus der Liebe zu erwachsen.

Nicht der finanzielle Wert macht ein Geschenk wertvoll – sondern das Maß an Liebe, für das dieses Geschenk steht: eine Kleinigkeit, nur wenige Pfennige wert, aber mühsam gesucht, nett eingepackt, aufmerksam für den anderen und seine Situation abgestimmt.

In den letzten Jahren habe ich gelernt, dass die Form, wie solche Liebe ausgedrückt wird, unterschiedlich ist. Für den einen Freund, der an meinen Geburtstag denkt und mich anruft, ist dies aus seiner Situation heraus genauso viel wie für einen anderen, der stundenlang die Karlsruher Fußgängerzonen mit ihren Läden durchstreift, um genau das für mich zu finden, was er im Kopf hat. Jedes Geschenk ist nur in seiner Beziehung zum Schenkenden verstehbar. Und damit wird jedes Geschenk auch zu einer Aussage über denjenigen, der schenkt, über die Beziehung, in der er zu mir steht – und wird damit zu einer Aussage des Schenkenden über sich, über mich und über uns.

Deshalb mag auch so manches Misstrauen Geschenken gegenüber durchaus angebracht sein: Es gibt Geschenke, die „stimmen nicht", die hinterlassen beim Beschenkten ein ungutes Gefühl, weil sie etwas ausdrücken, was nur einseitig in der Beziehung vorkommen kann, weil sie keine Geschenke sind, sondern eher ein Form von Manipulation. Es gibt Geschenke, die etwas erschmeicheln wollen, die eine Funktion haben – und die deswegen nicht „ehrlich sind. Sie kommen nicht aus der Liebe heraus, sondern aus der Berechnung … Das hört sich an, als ob Schenken furchtbar schwierig sei. Es ist nicht schwieriger und nicht einfacher, als Menschen wirklich gern zu haben, sie zu lieben …

In meinem Freundeskreis entwickelt sich gerade eine ganz neue Tendenz, die ich sehr aufmerksam beobachte und nach Kräften unterstütze: Man schreibt sich lieber drei Ansichtskarten das Jahr über verteilt als einen Pflichtweihnachtsgruß. Im März habe ich noch das Weihnachtsgeschenk des Freundes gut, dafür hat er jetzt schon sein Geburtstagsgeschenk, obwohl dieser Geburtstag erst in einigen Wochen sein wird. Vielleicht dreht es sich wirklich gar nicht so sehr um das „wann" als vielmehr um das „wie".

Die Feiertage in meinem Leben mache ich damit nicht ärmer, ganz im Gegenteil. Ich befreie sie von einem netten Beiwerk, das zwar schön ist, mich allzu oft aber von dem eigentlichen Sinn des Festes ablenkt … Der Jahreswechsel ist für mich wichtig, Weihnachten, Ostern …, die Geschenke, die Glückwünsche sind Gesten, die Ausdruck des jeweiligen „Sinnes“ sind. Ist aber der Sinn des Festes verloren, dann verlieren eigentlich auch die Geschenke und Glückwünsche ihren Sinn … Mein Entschluss steht eigentlich fest – ich will den Sinn dieses Festes suchen. Und wenn sich daraus entsprechende Gesten und Formen ergeben, dann mag es so sein. Und ich will sorgsam sein auf das Schenken hin – ich möchte gern ehrlich schenken.

Was wir am meisten brauchen

An Weihnachten machen wir Geschenke.
Gott macht das auch, er macht es uns vor.
Er schenkt uns in seinem Sohn das,
was wir am meisten brauchen:
Frieden

Phil Bosmans

Geschenk des Himmels

Franz Kamphaus

Das älteste Weihnachtslied, das für alle Zeit den Grundakkord von Weihnachten angibt, stammt nicht von Menschen. Nach der Überlieferung des Lukas haben Engel das Evangelium der Heiligen Nacht gesungen. Engel? Ist das ernst zu nehmen? Es scheint nicht schwer, das Ganze lächerlich zu machen. Aber wenn man dann tatsächlich einmal die Engel singen hört … Da können einem schon die Ohren aufgehen. Das kennen wir doch. Jeder von uns weiß, was das heißt. Und viele haben es erlebt: Situationen, in denen sie die Engel singen hörten. Situationen an der Grenze. Allerdings, das ist Weihnachten: eine Situation an der Grenze, eine Botschaft, die nicht aus uns kommt, sondern zu uns, von jenseits unser selbst. Das Lied der Engel – ein Lied, das nicht wir erdacht haben: „Heute ist euch der Heiland geboren …" (Lukas 2,11). Heute – euch – der Heiland. Ein Geschenk des Himmels! In der Tat: das Geschenk des Himmels.

Das will uns dieses ursprüngliche Weihnachtslied sagen: Ihr, die ihr alles selbst machen wollt, die ihr schließlich in eurer eigenen Leistung das Heil sucht und euch dabei heillos verrennt – das Heil könnt ihr euch nicht machen. Den Heiland könnt ihr euch nicht machen. Ihr braucht es auch nicht, er ist euch geschenkt.

„Heute ist euch der Heiland geboren." Heiland – dazu hat ihn letztlich auch Maria nicht gemacht. Es gibt nichts auf der Welt, das ihn machen könnte. Er kommt nicht aus uns, sondern zu uns. Wir verdanken ihn Gott. Geschenk des Himmels! Diese Botschaft braucht keinen Vergleich mit den Erzählungen anderer Religionen zu scheuen. Weil sie trägt, darum feiern wir Weihnachten.

Schenken

Bettine von Arnim

Ich finde das so hübsch in unserer Religion – (Volksbrauch kann ja wohl auch Religion sein?) –, dass das Christkind, welches für die ganze Welt geboren ist und den Erwachsenden, in denen es groß wächst, so viel Freude schenkt, auch jedem Kinde nach Maßgabe kindlicher Fähigkeit so erfreulich zu bescheren pflegt. – Da steht das Beschenkte über den schönen Sachen, vor dem Glanz der blendenden Lichter, mit offenen Augen und Händen, trunken; – da kommen die Alten und mahnen, sich hübsch bei Vater und Mutter zu bedanken; das weiß es nicht anzufangen, es hat keine Zeit, und über Staunen und Freude schläft es bald in süßen Schlaf ein. – So saß ich gestern abend über der Bescherung, die Ihr Brief vor mir ausbreitete, so leuchtete auch er mir nur ein wie ein Weihnachtsbaum voller Lichter und süßer Sachen, mir fiel so vieles ein, und ich wollte die Feder ergreifen, aber ich fand es unmöglich dazu aufzustehn, und über Kampf und Genuß schlief ich ein.

Wenn ich nun die schönen Dinge, die ich gestern zu wissen meinte (wahrscheinlich wie man im Traume etwas als witzig und weise fühlt, worüber man erwacht sich verwundert) heut' morgen nicht mehr zu schreiben weiß: was kann ich dafür? Doch wollte ich meinen Dank nicht länger zurückhalten.

Das Gedächtnis des Herzens

Phil Bosmans

Hast du ein gutes Gedächtnis, oder ärgerst du dich manchmal über vergessene Namen und Termine? Es gibt ein Gedächtnis, das hängt mit dem Kopf zusammen: Manche können ganz leicht behalten, andere können sich nichts merken. Es gibt aber noch ein anderes Gedächtnis. Es hat Wurzeln, die viel tiefer gehen, bis ins Herz. Wer war gut zu dir? Wer hat dich umsorgt, als du klein warst? Wer war lieb und freundlich zu dir, als du größer wurdest? Wer hat dir geholfen, als du verzweifelt warst? Wer dachte an deinen Geburtstag oder Namenstag, wer hat dir zu Weihnachten eine Freude gemacht? Oder kannst du dich an nichts mehr erinnern? Dankbarkeit ist das Gedächtnis des Herzens. Du musst nicht reich sein, um dankbar zu sein. Du musst nur ein gutes Herz haben, das wahrnimmt, wenn andere gut zu dir sind. In diesem Monat der Geschenke lerne, dankbar zu sein. Zeige, dass dein Herz ein gutes Gedächtnis hat.

Wunschzettel

Christa Spilling-Nöker

Ich wünsche mir:

- mehr Zeit für mich selbst
- weniger Pflichtgefühl
- mehr Spaß als „Ernst des Lebens“
- öfter mal zu lachen
- meinen Humor nicht zu verlieren
- keine Angst mehr davor haben zu müssen, nicht genügen zu können
- die Fähigkeit, den Augenblick genießen zu können, statt immer planen zu müssen
- das Gefühl, nichts Wesentliches zu versäumen
- mich nicht mehr mit anderen messen zu müssen
- Zufriedenheit
- Freundinnen und Freunde, die mich verstehen, die mich akzeptieren, mit allen meinen schwachen Seiten, und die dennoch – oder gerade deswegen – zu mir halten
- liebesfähig zu sein und zu bleiben
- selbst geliebt zu werden
- mein Vertrauen und meine Hoffnung nicht zu verlieren, was auch immer geschieht
- mit meinen Möglichkeiten etwas zu Frieden und Gerechtigkeit auf der Welt beitragen zu können
- mich mit den Menschen versöhnen zu dürfen, mit denen ich im Streit auseinander gegangen bin
- Vergebung zu erfahren von den Menschen, denen ich weh getan habe
- meine mir ins Herz geschriebene Lebensaufgabe entdecken und gestalten zu können.

Die Gabe entdecken

Frère Roger, Taizé

Öfter als früher fragen mich Jugendliche: Was ist das Stärkste in Ihrem Leben? Ohne zu zögern erwidere ich: Vor allem das gemeinsame Gebet, und in diesem die langen Zeiten der Stille. Gleich danach kommt als das Schönste in meinem Leben: einen Menschen im persönlichen Gespräch in seiner Ganzheit erkennen, sowohl die innere Dramatik, die sich kaum eingestehen lässt, der aus dauerndem Scheitern oder einem inneren Bruch herrührende Komplex, wie auch die unersetzlichen Gaben, durch die hindurch das Leben in Gott in einem Menschen alles vollbringen kann …

Es genügt nicht, mit einem Menschen nur das zu teilen, was sein Inneres unfrei macht. Man muss auch die besondere Gabe herausfinden, die Gott ihm gegeben hat, den Grundpfeiler seiner ganzen Existenz. Hat man diese Gabe oder diese Gaben einmal ans Licht gebracht, dann stehen alle Wege offen.

Gar nicht weiter eingehen auf die Komplexe, Verwirrung, Misserfolge, die gegensätzlichen Kräfte, für die sich ihrerseits wieder tausend einander widersprechende Begründungen finden lassen, sondern sobald wie möglich in die wesentliche Phase eintreten, das heißt die einmalige Gabe, die in jedes menschliche Wesen hineingelegten Talente entdecken, damit sie nicht begraben bleiben, sondern in Gott zur Entfaltung gebracht werden.

Ein Engel der Ermutigung

Christa Spilling-Nöker

Vielleicht haben wir im Laufe unseres Lebens Sätze zu hören bekommen wie: „Das kannst du nicht", „das schaffst du sowieso nicht", „du bist ohnehin ein Versager". Solche Worte können entmutigen. Dabei ruht in jedem von uns eine unglaubliche Fülle an Fähigkeiten und Begabungen, die nur hervorgelockt werden wollen, um unser Leben mit Lebendigkeit und Freude zu füllen. Vielleicht mag uns der Engel der Ermutigung dazu beflügeln, über unseren Schatten zu springen und zu Dingen fähig zu werden, die uns nie jemand zugetraut hätte.

Heute nehme ich mir Zeit für dich:
Ich entfliehe meinen eigenen Ausreden
und stelle mich innerlich
ganz auf dich ein.
Du bist mir wichtig in allem,
was du mir zu sagen wagst
und in dem, was ich von dir
in deinem Schweigen erahne.
Heute schenke ich mich dir
in all meiner Aufmerksamkeit,
meiner Liebe und meinem Mitgefühl.
Heute bin ich einfach nur
für dich da.

Die Kunst, ein Geschenk anzunehmen

Henri Nouwen

Annehmen fällt oft schwerer als geben. Geben ist sehr wichtig: Einsicht geben, Hoffnung geben, Trost geben, Halt geben, Rat geben, Unterstützung geben, finanzielle Hilfe geben, vor allem uns selbst geben. Ohne Geben gibt es keine Geschwisterlichkeit.

Doch Annehmen ist ebenso wichtig, weil wir durch das Annehmen dem Geber deutlich machen, dass er ein Geschenk anzubieten hat. Sagen wir „Vielen Dank! Du hast mir Hoffnung gegeben", so machen wir dem Geber bewusst, wie wertvoll uns seine Gabe ist. Es genügt oft schon ein Blick dessen, der empfangen hat, aus dem ein Gebender erkennt, dass es ein Geschenk war, das er überreicht hat.

Schenkt uns jemand eine Uhr, und wir tragen sie nicht, wurde die Uhr eigentlich nicht angenommen. Macht uns jemand einen Vorschlag, und wir gehen nicht auf ihn ein, wurde der Vorschlag im Grunde nicht angenommen. Stellt uns jemand einen Freund vor, und wir übersehen ihn, muss er sich von uns nicht ganz akzeptiert fühlen.

Etwas anzunehmen ist eine Kunst. Es bedeutet, einem anderen zu gestatten, Teil unseres Lebens zu werden, und sich von einem anderen abhängig zu machen. Nur aus einem Gefühl des inneren Friedens heraus können wir sagen: „Ohne dich wäre ich nicht der, der ich bin!"

Etwas von Herzen annehmen zu können ist deshalb ein Zeichen von Demut und Liebe. Viele Menschen fühlen sich dadurch tief verletzt, dass sie ein Geschenk machten, das nicht richtig angenommen wurde.

Lasst uns Menschen sein, die von Herzen annehmen können!

Das Fest der Mistkäfer

Andrea Schwarz

Vor einiger Zeit war ich für einige Tage in Südafrika. Und komischerweise habe ich dort, mitten im südafrikanischen Frühsommer, etwas von Weihnachten verstanden: Weihnachten ist eigentlich das Fest der Mistkäfer …

An dem Tag waren wir seit fünf Uhr morgens mit dem Ranger des Wildparks unterwegs gewesen, auf der Suche nach Elefanten, Leoparden, Löwen, den „wild dogs". Nach Sonnenaufgang hielten wir irgendwo in der Wildnis, er holte die Thermoskannen mit Kaffee hervor – und zeigte uns so ganz nebenbei den frischen Dung eines Nashorns. Hunderte von Mistkäfern hatten sich um diesen Dunghaufen versammelt und machten daraus kleine Kugeln, die immerhin so groß waren wie sie selbst – um sie dann mühsam über Hunderte von Metern in ihre eigene Behausung zu rollen.

Wer in Afrika ist, will Löwen, Elefanten und Büffel sehen – und eigentlich keine Mistkäfer. Wir wollen das Große, das Spektakuläre. Dem jagen wir hinterher. Auch an Weihnachten.

Aber Weihnachten ist überhaupt nicht spektakulär – ein kleines Kind im erbärmlichen Stall, und gleich nach der Geburt schon auf der Flucht. Am Königshof ist der neugeborene König der Juden nicht zu finden. Sogar die Heiligen Drei Könige laufen erst einmal die falsche Adresse an. Und die Bewohner von Betlehem haben das Ereignis verschlafen. Es sind die Hirten, die Ärmsten der Armen, diejenigen, die durch Nacht und Kälte wachgehalten werden, sich sorgend um ihre Herden, die das Kommen des Gottessohnes mitbekommen.

Weihnachten ist überhaupt nicht spektakulär. Es ist armselig.

Wir haben es spektakulär gemacht – um damit möglicherweise die leise Botschaft, die uns zur Veränderung aufruft, zu übertönen.

Ich habe in diesen Tagen gelernt: Weihnachten hat nichts mit Löwen und Elefanten zu tun, die sich fotogen den Besuchern an der Krippe stellen, sondern viel mehr mit Mistkäfern, die in aller Geduld, Beharrlichkeit und mit Ausdauer ihre Aufgabe erfüllen. Gott inszeniert sich nicht publikumswirksam und spektakulär, sondern eher bescheiden und im Hintergrund. Wir brauchen nicht das Laute, Schöne und Harmonische zu propagieren, sondern wir dürfen all das Kleine, Schützenswerte und Nicht-Spektakuläre leben.

Solange wir auf das Große warten, werden wir Gott nicht finden. Wir werden Gott nicht finden, wenn wir nach oben schauen – sondern nur dann, wenn wir nach unten schauen. Vielleicht sogar bei den Mistkäfern …

Damit wird Weihnachten aber auch zu einer Anfrage an mich selbst: Definiere ich mein Leben so, dass es nur lebenswert ist, wenn das Spektakuläre eintrifft – oder finde ich das Staunens- und Liebenswerte auch im erbärmlichen Stall?

Vielleicht sogar in meinem erbärmlichen Stall?

4

Weihnachtswunder

Es kommt ein Schiff geladen

Worte: Daniel Sudermann (1550–1631)
Melodie: Köln 1608

Es kommt ein Schiff geladen
bis an sein' höchsten Bord,
trägt Gottes Sohn voll Gnaden,
des Vaters ewigs Wort.

Der Anker haft' auf Erden,
da ist das Schiff am Land.
Das Wort will Fleisch uns werden,
der Sohn ist uns gesandt.

Zu Betlehem geboren
im Stall ein Kindelein,
gibt sich für uns verloren:
Gelobet muss es sein.

Befana

In Italien ist der Brauch, am Nikolaustag kleine Geschenke in Schuhe und Stiefel der Kinder zu stecken, weitgehend unbekannt. Stattdessen füllt genau einen Monat später (zwischen dem 5. und 6. Januar) die „Befana", eine freundliche alte Frau, die Strümpfe der Kinder mit Gaben.

Der Legende nach hatte „Befana" einst von der Geburt des Christkindes erfahren. Doch bis sie all ihre Geschenke eingepackt hatte und zum Aufbruch gerüstet war, war der Stern über dem Stall von Betlehem bereits erloschen, und sie fand den Weg nicht mehr. So begann sie, ihre Gaben an alle Kinder zu verschenken, denen sie begegnete – in der Hoffnung, das Jesuskind sei darunter.

Bis heute beschert die „Befana" die italienischen Kinder und bezeugt das Wunder, dass in jedem Menschenkind ein Gotteskind zur Welt geboren wird.

Das Wunder der Geburt

Otto Betz

Die ostkirchlichen Weihnachtsbilder zeigen meistens eine offene Höhle in einem felsigen Berg. Im Eingang der Höhle liegt Maria, über sich die Krippe mit dem Kind, das von Ochs und Esel freundlich angeschaut wird. Aus der dunklen Höhle kommt das Licht, die Nacht gebiert den Tag, der alt und müde gewordenen Welt wird ein Kind der Hoffnung geboren. Das Weihnachtsbild mit dem neugeborenen Kind ist uns Menschen offenbar besonders nötig. Die Maler und Bildhauer und Krippenbauer haben nicht aufgehört, diese Szene in immer wieder neuer Gestaltungsfreude darzustellen und zu variieren. Manchmal ist es ein Stall, in dem das Geschehen sich abspielt, manchmal eine Höhle, manchmal auch die Ruine eines großen Hauses, immer aber steht das Kind im Mittelpunkt …

Mit der Geburt eines Kindes beginnt ein neues, entscheidendes Kapitel der Geschichte Gottes mit den Menschen. Die fleischgewordene „Menschenfreundlichkeit“ und „Güte“ Gottes (vgl. Titus 3,4) erscheint, unscheinbar ist das Geschehen, von den Mächtigen der Erde wird es nicht zur Kenntnis genommen, aber es kommt ein Stein ins Rollen, der nicht mehr aufzuhalten ist … Im Mittelpunkt des Weihnachtsfestes steht das göttliche Kind. Aber wir werden auch daran erinnert, dass in uns ein Kindsein ist, das geboren werden will, dass wir auch noch in einem Prozess des Geborenwerdens stehen. Erich Fromm hat einmal geschrieben: „Die Geburt ist nicht ein augenblickliches Ereignis, sondern ein dauernder Vorgang. Das Ziel des Lebens ist es, ganz geboren zu werden, und seine Tragödie, dass die meisten von uns sterben, bevor sie ganz geboren sind.“

Gottes Geburt in uns

Franz Kamphaus

„Allen aber, die ihn aufnahmen, gab er Macht, Kinder Gottes zu werden, allen, die an seinen Namen glauben, die nicht aus dem Blut, nicht aus dem Willen des Fleisches, nicht aus dem Willen des Mannes, sondern aus Gott geboren sind" (Johannes 1,12–14).

Die Alternative ist klar, das ist ein anderes Leben: Nicht, nicht, nicht … Dreimal dieses „nicht": nicht aus der eigenen Tat; nicht aus den eigenen Trieben und Antrieben; nicht aus der naturwüchsigen Kraft. Vielmehr: die Menschen, die sich Gott verdanken; die wissen, dass sie von Anfang an Empfangene sind und es bleiben. Wer dies als *die* Wahrheit seines Lebens erkennt und bekennt, der ist davon befreit, sich selbst „bringen" zu müssen, der ist wie neu geboren, „aus Gott geboren".

Anfang der Geschichte des Wortes Gottes in uns. Es ist nicht nur (das zunächst und vor allem!) in Betlehem zur Welt gekommen. Es möchte in uns und durch uns zur Welt kommen. So singen wir's: „Treuer Immanuel, werd auch in mir nun geboren …" „Dich, wahren Gott, ich finde, in meinem Fleisch und Blut …" Gottes Geburt in uns! Wir ein Geburtsort Gottes! Kann man Größeres vom Menschen sagen? Gott wartet im Grunde unseres Herzens. Schade nur, dass wir so wenig dort zu Hause sind, uns nicht aushalten und vor uns selbst laufen gehen. Wie schwer ist es, „in sich" zu gehen und „zu sich" zu kommen. Wie anders aber können wir Gott begegnen? Wie anders sollte er durch uns zur Welt kommen? Wie anders können wir anderen Herberge sein und Heimat geben?

Hören wir seinen Lockruf in uns? „Gott, du bist mir innerlicher, als ich mir selber bin", sagt Augustinus. Das haben uns Erwachsenen die Kinder wohl voraus, dass sie noch näher bei sich sind, einig mit sich und ihrem wahren Mutterboden. Ob wir nicht deswegen von ihnen angerührt werden, die wir mit allen Wassern eines überanstrengten Erwachsenendaseins gewaschen sind, der eigenen Tat verpflichtet, die wir nicht selten so außengelenkt sind, dass wir unser Innerstes nicht mehr wahrnehmen? Ob wir das Kind in uns noch entdecken können? Oder sind wir zu erwachsen geworden, um noch empfänglich zu sein?

So groß das Ziel der Gottesgeburt ist, so mühsam ist der Weg, so eng und ängstigend wie beim ungeborenen Kind, das zur Welt möchte. Man darf sich die inneren und äußeren Widerstände des Wachstums nicht ersparen. Herbergssuche und Exil, Krippe und Kreuz erinnern an die Wehen und Geburtsschmerzen, unter denen Gottes Wort zur Welt kommt. Aber wenn es geschieht, wenn es uns in Fleisch und Blut übergeht? „Die aus Gott Geborenen sind die Säulen der Welt und die Pfeiler der Kirche", sagt der Mystiker Johannes Tauler …

Dein liebster Ort

Maria Otto

Du, dem niemand gebieten,
den kein Wort definieren,
den keine Religion erobern kann –

Du lässt dich bewegen
durch unser Glockengeläut,
lässt dich einladen
zu unsern Festen,
begibst dich in unsere Kirchen,
lässt über dich ergehen
den Prunk unserer Liturgie,
die Spielerei unserer Riten,
so lieb sind wir dir.

Und dann eines Tages
hast du dich erhoben,
wie sich ein Protest erhebt,
wie ein Hoffnungssturm losbraust –
Du ließest Tempel und Throne
abseits stehen,
sahst nur noch eines:
die Krippe im Stall,
dein liebster Ort

Der Leib des Menschen
wurde dein Palast,
das Herz des Menschen
wurde dein Dom
und sein Gesicht dein Heiligtum
in ihm wohnt deine Liebe.

Wir widmen dir unsere Kirchen,
wie ein Autor sein Werk widmet –
aber dein Werk,
dein Eigen,
ist der Mensch selber,
durch Jesus Christus besiegelt,
das Kind deiner Liebe.

Eine Wintergeschichte

Max Bolliger

Es war einmal ein Mann. Er besaß ein Haus, einen Ochsen, eine Kuh, einen Esel und eine Schafherde.

Der Junge, der die Schafherde hütete, besaß einen kleinen Hund, einen Rock aus Wolle, einen Hirtenstab und eine Hirtenlampe.

Auf der Erde lag Schnee. Es war kalt, und der Junge fror. Auch der Rock aus Wolle schützte ihn nicht. Kann ich mich in deinem Haus wärmen?, bat der Junge den Mann. Ich kann die Wärme nicht teilen. Das Holz ist teuer, sagte der Mann und ließ den Jungen in der Kälte stehen.

Da sah der Junge einen großen Stern am Himmel. Was ist das für ein Stern?, dachte er. Er nahm seinen Hirtenstab und seine Hirtenlampe und machte sich auf den Weg.

Ohne den Jungen bleibe ich nicht hier, sagte der kleine Hund und folgte seinen Spuren. Ohne den Hund bleiben wir nicht hier, sagten die Schafe und folgten seinen Spuren. Ohne die Schafe bleibe ich nicht hier, sagte der Esel und folgte ihren Spuren. Ohne den Esel bleibe ich nicht hier, sagte die Kuh und folgte seinen Spuren. Ohne die Kuh bleibe ich nicht hier, sagte der Ochse und folgte ihren Spuren.

Es ist auf einmal so still, dachte der Mann, der hinter seinem Ofen saß. Er rief nach dem Jungen, aber er bekam keine Antwort. Er ging in den Stall, aber der Stall war leer. Er schaute in den Hof hinaus, aber die Schafe waren nicht mehr da. Der Junge ist geflohen und hat alle meine Tiere gestohlen, schrie der Mann, als er im Schnee die vielen Spuren entdeckte.

Doch kaum hatte der Mann die Verfolgung aufgenommen, fing es an zu schneien. Es schneite dicke Flocken. Sie deckten die Spuren zu. Dann erhob sich ein Sturm, kroch dem Mann unter die Kleider und biss ihn in die Haut. Bald wusste er nicht mehr, wohin er sich wenden sollte.

Der Mann versank immer tiefer im Schnee. Ich kann nicht mehr!, stöhnte er und rief um Hilfe. Da legte sich der Sturm. Es hörte auf zu schneien, und der Mann sah einen großen Stern am Himmel. Was ist das für ein Stern?, dachte er. Der Stern stand über einem Stall, mitten auf dem Feld. Durch ein kleines Fenster drang das Licht einer Hirtenlampe. Der Mann ging darauf zu. Als er die Tür öffnete, fand er alle, die er gesucht hatte, die Schafe, den Esel, die Kuh, den Ochsen, den kleinen Hund und den Jungen.

Sie waren um eine Krippe versammelt. In der Krippe lag ein Kind. Es lächelte ihm entgegen, als ob es ihn erwartet hatte. Ich bin gerettet, dachte der Mann und kniete neben dem Jungen vor der Krippe nieder.

Am andern Morgen kehrten der Mann, der Junge, die Schafe, der Esel, die Kuh, der Ochse und auch der kleine Hund wieder nach Hause zurück.

Auf der Erde lag Schnee. Es war kalt. Komm ins Haus, sagte der Mann zu dem Jungen. Ich habe Holz genug. Wir wollen die Wärme teilen.

Welch Geheimnis ist ein Kind

Welch Geheimnis ist ein Kind!
Gott ist auch ein Kind gewesen.
Weil wir Kinder Gottes sind,
kam ein Kind, uns zu erlösen.
Welch Geheimnis ist ein Kind!
Wer dies einmal je empfunden,
ist den Kindern aller Zeit
durch das Jesuskind verbunden.

Welche Würde trägt ein Kind!
Sprach „das Wort“ doch selbst die Worte:
„Die nicht wie die Kinder sind,
gehen nicht ein zur Himmelspforte.“
Welche Würde trägt ein Kind!
Wer dies einmal je empfunden,
ist den Kindern aller Zeit
durch das Jesuskind verbunden.

O wie heilig ist ein Kind!
Nach dem Wort von Gottes Sohne
alle Kinder Engel sind,
wachend vor des Vaters Throne.
O wie heilig ist ein Kind!
Wer dies einmal je empfunden,
ist den Kindern aller Zeit
durch das Jesuskind verbunden

Clemens Brentano

Der Weihnachtsschinken

Barbara Robinson

Der ganze Stadtteil ist sich einig: Die Herdmann-Kinder sind die schlimmsten Kinder aller Zeiten. Sie lügen, klauen, rauchen Zigarren (auch die Mädchen), bringen die Nachbarn zur Verzweiflung und können ein Klassenzimmer mit Hilfe ihrer halbwilden Katze in der Rekordzeit von drei Minuten völlig leerfegen. Jetzt haben sie es sogar geschafft, sämtliche Hauptrollen in dem Krippenspiel zu bekommen, das zu Weihnachten aufgeführt werden soll. Natürlich erwartet jeder das schlimmste Krippenspiel aller Zeiten …

… zunächst lief alles wie immer. Wie immer herrschte ein großes Durcheinander, die Flügelspitzen der kleinen Engel stachen anderen kleinen Engeln in die Augen, und die missgelaunten Hirten stolperten über ihre Bademäntel. Der Scheinwerfer schwang hin und her und auf und ab, dass einem ganz übel wurde, und der Pianist stimmte wie gewöhnlich „Ich steh' an deiner Krippe hier" so hoch an, dass wir es kaum hören konnten, geschweige denn mitsingen. Mein Vater sagte, „Ich steh' an deiner Krippe hier" klinge anfangs wie ein Chor von Mickeymäusen.

Aber alles beruhigte sich, und pünktlich um halb acht begann das Krippenspiel. Während wir sangen, zündeten die Ministranten überall in der Kirche die Kerzen an, und der Scheinwerfer wurde zum Weihnachtsstern … Danach sangen wir zwei Verse von „Zu Betlehem im Stalle", und dann sollten wir das Lied ein bisschen weitersummen, während Maria und Josef durch die Seitentür hereinkamen. Nur, sie kamen nicht. Also summten wir und summten und summten, was sehr langweilig und sehr schwierig ist, und nach kurzer Zeit klang es nicht mehr wie ein Lied, sondern eher wie ein alter Kühlschrank.

„Ich wusste ja, dass so was passieren würde", flüsterte mir Alice Wendlaken zu. „Sie kommen überhaupt nicht. Wir werden weder Maria noch Josef haben. Was sollen wir jetzt tun?"

Ich schätze wir hätten weitergesummt, bis wir schwarz geworden wären, aber es kam nicht so weit. Ralf und Eugenia traten auf, sie waren nur erst nicht durch die Tür gekommen, weil sie sich gegenseitig aus dem Weg schubsten. Eine Minute lang standen sie einfach da, als ob sie nicht sicher seien, dass sie am richtigen Ort waren. Das lag vielleicht an den Kerzen und den vielen Menschen in der Kirche. Sie sahen aus, wie die Leute, die man manchmal in der Tagesschau sieht: Flüchtlinge, die irgendwo an einem fremden, kalten Ort wartend herumstehen, umgeben von Pappkartons und Säcken.

Plötzlich wurde mir klar, dass es der echten Heiligen Familie genauso ergangen sein muss, einquartiert in einem Stall, von Leuten, denen es egal war, was mit ihnen geschah. Sie konnten gar nicht besonders gepflegt und sauber ausgesehen haben. Sicher hatten sie eher so ausgesehen wie diese Maria und dieser Josef. (Eugenias Schleier hing schief wie gewöhnlich, und Ralfs Haare standen nach allen Seiten ab.) Eugenia hatte die Babypuppe bei sich, aber sie wiegte sie nicht in den Armen, wie man es gewohnt war. Sie hatte sie über die Schulter gelegt, und bevor sie sie in die Krippe legte, klopfte sie ihr zweimal auf den Rücken.

Ich hörte Alice tief Luft holen. Sie puffte mich und flüsterte: „Ich finde es nicht sehr schön, den kleinen Jesus so zu klopfen, als ob er Bauchweh hätte." Sie knuffte mich noch einmal. „Kannst du dir vorstellen, dass er Bauchweh hatte?"

Ich sagte: „Warum denn nicht." Und ich konnte es mir wirklich vorstellen. Er konnte Bauchweh haben oder unruhig sein oder hungrig, genau wie jedes andere Baby auch. Das war es ja gerade: dass Jesus nicht auf einer Wolke heruntergekommen war wie eine Märchenfigur, sondern dass er richtig geborgen wurde und als Mensch lebte.

Mittlerweile mussten wir singen „Kommet, ihr Hirten". Wir sangen sehr laut, weil es mehr Hirten gab als irgendetwas anderes und sie so viel Lärm machten mit ihren Hirtenstäben, mit denen sie herumfuhrwerkten wie mit Hockeyschlägern. Als nächstes kam Hedwig hinter dem Engelchor hervor. Sie schubste die anderen aus dem Weg oder trat ihnen auf die Füße. Da Hedwig die Einzige war, die in dem Krippenspiel etwas zu sagen hatte, nutzte sie das auch aus: „He! Euch ist ein Kind geboren!", schrie sie, und es klang wirklich wie die beste Botschaft der Welt. Alle Hirten zitterten und fürchteten sich – vor Hedwig natürlich, aber jedenfalls wirkte es sehr gut.

Dann kamen drei Lieder über Engel. Es dauerte sehr lange, bis die Engel auftraten, weil sie von den Erstklässlern gespielt wurden, die aufgeregt waren, weinten, vergessen hatten, wo sie hingehen sollten, mit ihren Flügeln in der Tür hängenblieben und all solche Sachen.

Danach hatten wir ein bisschen Ruhe, während die Jungen sangen „Wir sind die Drei Könige ..." und die Zuschauer sich umdrehten, um den Auftritt der Heiligen Drei Könige durch den Mittelgang nicht zu verpassen.

„Was haben die denn da?", flüsterte Alice. Ich wusste es nicht. Aber was es auch war, es war jedenfalls schwer. Leopold ließ es fast fallen. Dafür hatte er das Gefäß mit Weihrauch nicht dabei, und Klaus und Olli hatten gar nichts in der Hand, obwohl sie Gold und Myrrhe mitbringen sollten. „Ich wusste ja, dass so was passieren würde", sagte Alice wieder. „Ich wette, es ist was ganz Schlimmes."

„Was denn zum Beispiel?"

„Zum Beispiel ein Brandopfer. Du kennst doch die Herdmanns."

Gut, sie zündeten manchmal Sachen an. Aber das hier

war nichts zum Anzünden; es war ein Schinken. Ich wusste sofort, wo er herkam. Mein Vater war im Kirchenwohltätigkeitsverein, und der verschenkte zu Weihnachten Essenskörbe. Und dieser Schinken hier stammte aus dem Herdmannschen Korb, es war sogar noch das Band daran mit der Aufschrift „Frohe Weihnachten". „Ich wette, den haben sie gestohlen", sagte Alice. „Haben sie nicht! Der ist aus ihrem Geschenkkorb, und wenn sie ihre eigenen Sachen herschenken wollen, ist das ihre Sache." Und selbst wenn die Herdmanns sich aus Schinken nichts machen sollten (das war Alices nächster Gedanke), stand doch fest, dass vorher noch nie jemand etwas von ihnen bekommen hatte, es sei denn Beulen und blaue Flecken. Das musste einen schon beeindrucken …

„Sie verderben alles", flüsterte Alice. … Ich fand, dass die Herdmanns nichts verdarben, sondern im Gegenteil das Krippenspiel um vieles verbessert hatten, indem sie einfach das taten, was ihnen logisch erschien. Zum Beispiel, dass sie das Baby auf den Rücken klopften und einen Schinken für ein besseres Geschenk hielten als eine Menge parfümierter Öle.

Gewöhnlich hatte ich, bis wir zu „Stille Nacht, heilige Nacht" kamen (das war immer das letzte Lied), so genug von der ganzen Sache, dass ich das Ende kaum abwarten konnte. Aber diesmal war es anders. Ich wünschte fast, das Krippenspiel ginge weiter, nur um zu sehen, was die Herdmanns noch alles anders machen würden.

Vielleicht würden die Heiligen Drei Könige Maria von der Geschichte mit Herodes erzählen, und sie würde ihnen raten, dass sie zurückgehen und ihm das Blaue vom Himmel herunterlügen sollten. Oder Josef würde mit ihnen zurückgehen und ein für alle Mal Schluss mit Herodes machen. Oder Josef und Maria würden den Heiligen Drei Königen das Christkind mitgeben, weil sie dachten, dass niemand auf die Idee käme, es bei ihnen zu suchen. Ich war so beschäftigt, mir immer neue Möglichkeiten auszudenken, wie man das Baby Jesus retten konnte, dass ich den Anfang von „Stille Nacht, heilige Nacht“ verpasste. Aber es war weiter nicht schlimm, weil alle mitsangen, auch die Zuschauer. Wir sangen alle Strophen, und als wir zur Stelle kamen „Gottes Sohn, oh, wie lacht …“, schaute ich zufällig zu Eugenia hinüber. Fast hätte ich mein Gesangbuch auf einen kleinen Engel fallen lassen.

Jeder hatte die ganze Zeit darauf gewartet, dass die Herdmanns etwas absolut Unerwartetes tun würden. Und nun war es geschehen: Eugenia Herdmann weinte.

Im Kerzenlicht glänzte ihr ganzes Gesicht vor Tränen, und sie machte nicht einmal den Versuch, sie wegzwischen. Sie saß nur da – die schlimme, schreckliche Eugenia – und weinte und weinte und weinte.

Es war wirklich das beste Krippenspiel, das jemals bei uns aufgeführt wurde … Was aber mich betrifft, so wird Maria immer etwas von Eugenia Herdmann haben, ein bisschen unruhig und verwirrt, aber bereit, jeden zu verprügeln, der ihrem Baby zu nahe treten will. …

Der Wolf an der Krippe

Huub Oosterhuis

Es war einmal ein Wolf. Er lebte in der Gegend von Betlehem. Die Hirten wussten um seine Gefährlichkeit und waren allabendlich damit beschäftigt, ihre Schafe vor ihm in Sicherheit zu bringen. Stets hatte einer von ihnen Wache zu halten, denn der Wolf war hungrig, listig und böse.

Es war in der Heiligen Nacht. Eben war der wundersame Gesang der Engel verstummt. Ein Kind sollte geboren worden sein, ein Knabe. Der Wolf wunderte sich sehr, dass die rauen Hirten allesamt hingingen, um ein Kind anzusehen. „Wegen eines neugeborenen Kindes solch ein Getue", dachte der Wolf. Aber neugierig geworden und hungrig, wie er war, schlich er ihnen nach. Beim Stall angekommen, versteckte er sich und wartete.

Als die Hirten nach der Huldigung an Jesus sich von Maria und Josef verabschiedeten, hielt der Wolf seine Zeit für gekommen. Er wartete noch, bis Maria und Josef eingeschlafen waren; die ausgestandene Sorge und Freude über das Kind hatten sie sehr müde gemacht.

„Umso besser", dachte der Wolf, „ich werde mit dem Kind beginnen." Auf leisen Pfoten schlich er in den Stall. Niemand bemerkte sein Kommen. Allein das Kind. Es blickte voll Liebe auf den Wolf, der sich, Tatze vor Tatze setzend, lautlos an die Krippe heranschob. Er hatte den Rachen weit geöffnet, und die Zunge hing ihm heraus. Er war schrecklich anzusehen.

Nun stand er dicht an der Krippe. „Ein leichtes Fressen", dachte der Wolf und schleckte sich begierig die Lefzen. Er setzte zum Sprung an. Da berührte ihn behutsam und liebevoll die Hand des Jesuskindes. Das erste Mal in seinem Leben streichelte jemand sein hässliches, struppiges Fell, und mit einer Stimme, wie der Wolf sie noch nie vernommen hatte, sagte das Kind: „Wolf, ich liebe dich."

Da geschah etwas Unvorstellbares – im dunklen Stall von Betlehem platzte die Tierhaut des Wolfes – und heraus stieg ein Mensch. Ein wirklicher Mensch. Der Mensch sank in die Knie, küsste die Hände des Kindes und betete es an.

Alsdann verließ er den Stall – lautlos, wie er zuvor als Wolf gekommen war – und ging in die Welt, um allen zu künden: Dieses göttliche Kind kann dich erlösend berühren!

Die Flöte des Hirtenjungen

Nach einer norwegischen Legende

In der wundersamen Nacht, in der der Heiland geboren wurde, war ein armer Hirtenjunge im Gebirge bei Betlehem. Er suchte nach einem entlaufenen Schaf. Hinaus hastete er und suchte. Atemlos war er und unglücklich. Und während die Luft schon erfüllt war vom Lobgesang der Engel, war er noch erfüllt von der Sorge um sein Lamm.

Da stand plötzlich ein Engel vor ihm und sagte: „Mach dir keine Sorgen um dein Schaf! Heute ist ein größerer Hirte geboren. Lauf nach Betlehem, dort liegt der Retter der Welt in einer Krippe!"

„Der Retter der Welt", antwortete zaghaft der Junge, „zu ihm kann ich nicht ohne Gabe kommen!"

„Nimm diese Flöte und spiele für das Kind", sagte der Engel und war verschwunden.

Vor den Füßen des Hirtenjungen lag eine silberglänzende Flöte. Sieben himmelreiche Töne hatte sie und spielte von selber, als er hineinblies.

Fröhlich sprang der Junge den Berg hinunter, achtete nicht auf den Weg und schlug der Länge nach hin. Im Fallen verlor er die Flöte und einen Fluch. Als er die Flöte wieder aufnahm, war sie um einen Ton ärmer.

Jetzt war der Weg gut. Plötzlich saß vor ihm auf dem Pfad ein großer Wolf. „Du Schafsmörder!", rief der Junge und warf die Flöte nach dem Tier. Der Wolf war verschwunden, aber auch ein weiterer Ton von seiner Flöte. Bald war er bei seiner Herde. Alle Tiere lagen friedlich. Nur ein Schaf strich herum und blökte laut. Der Junge wollte es in den Pferch treiben. Als das Schaf nicht folgte, warf der Junge mit der Flöte nach ihm. Wieder verlor sie einen Ton.

Ab wo waren die anderen Hirten? Der Hirtenjunge

dachte, dass sie im Wirtshaus beim Kartenspiel und Bier säßen. Voller Groll schwang er die Flöte in der Hand. Und wieder verlor sie einen Ton.

Nun lief er nach Betlehem. Als er an das Stadttor kam, umringten ihn die Gassenjungen und wollten ihm die schöne Flöte abnehmen. Das gab eine Balgerei und Schlägerei. Die Flöte behielt er, aber sie hatte noch einen Ton weniger.

Jetzt sah er schon den Stall. Über dem Dach strahlte ein heller Stern. Gerade als er durch den Hof gehen wollte, fuhr der Kettenhund auf ihn los, und der Junge wehrte sich mit der Flöte. Er kämpfte sich den Weg frei, doch nun hatte die Flöte nur noch einen einzigen Ton.

Der Junge schämte sich so sehr. Seine wunderbare Gabe war so klein geworden. Dann ging er in den Stall und sah das Jesuskind in der Krippe liegen. Da spielte er seinen einzigen, letzten Ton. Mild und rein klang er. Maria und Josef, Ochse und Esel und alle im Stall lauschten und wunderten sich. Das Jesuskind aber streckte die Hand aus und berührte die Flöte. Im selben Augenblick wurde sie wieder, wie der Junge sie empfangen hatte, volltönend, ganz und rein.

Weihnachtslied

Vom Himmel in die tiefsten Klüfte
Ein milder Stern herniederlacht;
Es brennt der Baum, ein süß' Gedüfte
Durchschwimmet träumerisch die Lüfte,
Und kerzenhelle wird die Nacht.

Mir ist das Herz so froh erschrocken,
Das ist die liebe Weihnachtszeit!
Ich höre fernher Kirchenglocken
Mich lieblich heimatlich verlocken
In märchenstille Herrlichkeit.

Ein frommer Zauber hält mich wieder,
Anbetend, staunend muß ich stehn;
Es sinkt auf meine Augenlider
Ein goldner Kindertraum hernieder,
Ich fühl's, ein Wunder ist geschehn.

Theodor Storm

Wir bitten Gott …

Wir bitten Gott, den Allmächtigen,
er möge uns behilflich sein:
dass wir Weihnachten nicht wie Karneval feiern,
dass wir das Wunder von Betlehem
nicht mit einem Musical plus Domführung
plus Reeperbahn plus Hafenrundfahrt
und Rhein in Flammen verwechseln,
sondern dass wir die Stille und das Heilige
nicht nur in der Nacht neu entdecken –
unser kleines und endliches Sein spüren,
aber mit Jesus Christus gleichsam
neu auf die Welt kommen,
auch wenn wir schon betagt sind.
Große Freude ist uns verkündigt worden,
soll in uns leben.
Erbarmen und Zuversicht werden uns begleiten,
Christus ist unter uns, urjung und uralt,
Freiheit und Erlösung als Geschenk.

Hanns Dieter Hüsch

5

Himmlische Boten

Es kam ein Engel hell und klar

Worte: Valentin Triller (1555) / Martin Luther (1534)
Melodie: 16. Jahrhundert

Es kam ein Engel hell und klar
von Gott aufs Feld zur Hirtenschar;
der war gar sehr von Herzen froh
und sprach zu ihnen fröhlich so:

Vom Himmel hoch da komm ich her,
ich bring euch gute neue Mär;
der guten Mär bring ich so viel,
davon ich sing'n und sagen will.

Euch ist ein Kindlein heut geborn
von einer Jungfrau auserkorn,
ein Kindelein, so zart und fein;
das soll eur Freud und Wonne sein.

Gabriel

Die Weihnachtsgeschichte beginnt mit der Botschaft, die der Erzengel Gabriel einem Mädchen aus Nazaret bringt. Doch es ist mehr als ein Wort, von dem Maria schwanger wird. Im Wort des Engels durchdringt Gottes Geist Maria. Er erfüllt sie mit dem Licht der Liebe, die ihr von Gott zuströmt.

Das Licht umgibt auch die Engel, die die Botschaft von der Geburt des Heilands den Hirten auf dem Feld verkünden: „Da trat der Engel des Herrn zu ihnen, und der Lichtglanz Gottes umleuchtete sie." Der Engel ist nicht selbst das Licht, er verweist auf den Lichtglanz Gottes und lädt ein, mit ihm in das Licht einzutreten.

So ein Engel des Lichtes begegnet uns manchmal in einem Menschen, der etwas Klares ausstrahlt und das Trübe in uns klärt. Manchmal tritt der Engel des Lichtes auch im Traum in unsere Seele und erfüllt uns mit innerem Glanz. Oder der Engel des Lichtes kommt zu uns in einem Wort geflogen, das uns Klarheit bringt in unserem inneren Durcheinander, und die Schatten, die auf unserer Seele liegen, sind verschwunden.

Boten zwischen Himmel und Erde

Andrea Schwarz

Immer wieder tauchen in den Weihnachtsgeschichten Engel auf. Das Wort „Engel“ kommt von dem Wort „angelus“ – und das bedeutet „Bote“. Engel sind Boten zwischen Gott und den Menschen, zwischen Himmel und Erde. Aus der Liebe Gottes heraus sind sie den Menschen verbunden – und vertreten doch zugleich den Anspruch Gottes …

Engel sind Mittler zwischen den Welten – und immer dann und dort, wo diese andere Welt in unsere Welt hereinbricht, wir uns von dieser anderen Welt berühren lassen, könnten wir eigentlich von Engeln sprechen, die diese Begegnung, diese Berührung verkörpern. Mit den Engeln, diesen Boten Gottes in unserer Welt, haben wir ein Bild, mit dem wir unsere Erfahrungen mit dieser anderen Welt bruchstückhaft in Sprache fassen können.

Die Botschaft der Engel

Ludwig Schick

In der Geburtsgeschichte Jesu kommen die Engel zweimal vor. Einmal kündet der Engel Gabriel in Nazaret der Jungfrau Maria an, dass sie durch den Heiligen Geist Mutter Gottes werden soll. Sie soll Jesus – das Heil der Welt – gebären und den Immanuel – Gott mit uns – zur Welt bringen. Er ist der Friede Gottes für die Menschen …

Das zweite Mal verkünden die Engel den Hirten auf den Fluren Betlehems, dass der Messias, der Retter, geboren ist und dass nun „Gott Ehre im Himmel und den Menschen Frieden auf Erden" sei … Die Engel auf den Fluren Betlehems verkünden den Hirten, dass sich in der Geburt Jesu Christi der Himmel für die Erde öffnet und die Erde für den Himmel, dass Gott und Mensch miteinander versöhnt werden und dass der Mensch göttlich wird, weil Gott Mensch wurde.

Der Gesang der Engel

Anthony de Mello

Das Christuskind kommt, wie jedes andere Kind, um der Welt eine Botschaft zu bringen. Was für eine Botschaft soll ich bringen? Ich denke an den Gesang der Engel bei der Geburt Christi. Sie sangen von Frieden und Freude zur Ehre Gottes. Habe ich je den Gesang gehört, den die Engel sangen, als ich geboren wurde?

Von Geburt an

Anselm Grün

Von Geburt an steht unser Leben unter dem Schutz eines Engels. Gabriel, einer der Engel, die in der Bibel mit Namen genannt werden, steht dafür. Sein Name bedeutet: Kraft Gottes oder Held Gottes. Seine Aufgabe wird im Evangelium des Lukas darin gesehen, die Geburt eines von Gott gesegneten Kindes anzusagen, einen neuen Anfang zu verheißen.

Auch über unserer Geburt steht der Engel Gabriel. Gott hat ihn gesandt, damit durch uns etwas Neues in der Welt aufscheint, ein neues und einmaliges Bild Gottes. Und wir haben eine Sendung. Wir leben nicht einfach nur dahin. Es ist zu wenig, wenn wir bloß überleben. Wir sollten auf dem Hintergrund unserer Geburtsgeschichte erahnen, was unsere Sendung ist. Und wir sollten mit dem Engel in Berührung kommen, der über unserer Geburt wachte.

Dann werden wir das Geheimnis ahnen, das wir sind. Und wir werden die einmalige Würde entdecken, die Gott uns verliehen hat.

Ein Engel namens Chantal

Andrea Schwarz

In einer Predigt im Advent erzählte unser Pfarrer von der Begegnung mit einer 94-jährigen Frau bei der Krankenkommunion. Beim Verabschieden fragte sie ihn: „Glauben Sie an Schutzengel?“. Na ja – was will man als Pfarrer da antworten? Irgendwie ja schon … „Und wissen Sie, was ein Schutzengel ist?“, fragte die Frau weiter. Der Pfarrer sah sie fragend an. „Wissen Sie“, sagte die Frau, „der Schutzengel ist nicht außen irgendwo, der ist in uns drin – damit wir Engel für andere sein können – und andere wiederum Engel für uns!“ Es gibt manchmal Stellen im Gottesdienst, da bekomme ich Gänsehaut – das war so eine.

Am Sonntag war dann das Krippenspiel der Kindertagesstätte in St. Michael. Die Geburt Jesu wurde erzählt aus der Sicht von Tieren, mit mitreißenden Liedern, und die Kinder hatten teilweise viel Text gelernt. Es war wunderschön – aber am meisten berührte es mich, als eine Erzieherin einen großen Kinderwagen hineinschob, in dem Chantal lag. Chantal ist eines der Integrationskinder in der Kindertagesstätte und mehrfach behindert. Sie hatte die Rolle des Engels übernommen, hatte ein weißes Gewand an und große dicke Engelsflügel ragten links und rechts am Kinderwagen hervor. Ein Engel mit Handicaps …

Eine 94-jährige Frau und ein fünfjähriges behindertes Mädchen haben mir in diesem Jahr die Weihnachtsbotschaft gebracht. Die Engel, die die Geburt Jesu verkünden, sind nicht strahlend und groß und prächtig, sondern sie sind unscheinbar, mit leicht zerzausten Engelsflügeln und alles andere als perfekt. Engel mit Handicaps halt – so wie wir alle. Keiner von uns ist vollkommen, jeder hat seine Behinderungen, die einen eher verborgen, die anderen offensichtlicher.

Und doch – es ist unser Job, trotz all dem Engel für andere zu sein.

Oder sollte man es vielleicht doch andersherum sagen? Das Geschenk Gottes an uns ist, dass er uns trotz allen Handicaps zutraut, solch ein Engel für andere zu sein.

Vom Engel, der aus allen Wolken fiel

Christa Spilling-Nöker

Der kleine zierliche Engel Nathanael entsprach in seinem Wesen ganz seinem Namen. Er war wahrhaftig ein Gottesgeschenk, stets aufmerksam und besonders liebevoll im Umgang mit seinen Mitengeln, eifrig im Gebet und mit einer wundervollen klaren Stimme begabt, die die himmlischen Gesänge vollendeten. Heute aber hatte Nathanael Sorgen. Er spürte dort, wo die Flügel saßen, einen drückenden Schmerz und das ausgerechnet am Heiligen Abend. Natürlich wusste er, dass es auf der Erde viele Menschen gab, die über Rückenschmerzen klagten, aber so etwas durfte es doch unter Engeln nicht geben. Langsam und ganz in Gedanken versunken wandelte er in den Nachmittagsstunden über eine Wolke. Ob er sich einem Erzengel anvertrauen sollte? Aber er wollte den anderen nicht die gute Laune und Festtagsstimmung verderben. Während er so hin und her überlegte, nahm er nicht mehr wahr, dass er am Ende der Wolke angekommen war. Er verlor das Gleichgewicht und stürzte in rasender Geschwindigkeit ins Bodenlose.

„Bautz“ machte es, als Nathanael unsanft auf die Erde prallte. Er sah nur noch Sterne und dachte für einen Augenblick, dass er noch im Himmel sein müsse, doch die Schmerzen am Hinterkopf holten ihn schnell in die Wirklichkeit zurück. Er versuchte, aufzustehen und dabei seine Gewänder zu ordnen, als auch schon eine Frau angelaufen kam. „Danke, lieber Gott“, flüsterte sie mit strahlendem Gesicht. Gerade noch hatte sie darum gebetet, zu Weihnachten möge ihr ein Engel zur Seite zu stehen, als Nathanael auch schon vor ihrem Haus gelandet war. So prompt ist bisher keines meiner Gebete erhört worden, dachte sie, und nahm den verwirrten Engel mit ins Haus. „Du bist auf deiner Reise vom Himmel zur Erde sicher lange unterwegs gewesen. Ich mache dir erst einmal etwas zu essen. Du kannst dich hier im Bad ja ein wenig frisch machen." Mit diesen Worten wies sie ihm den Weg zum Badezimmer und verschwand selbst in der Küche. Nathanael hatte noch nie in seinem Leben ein Badezimmer gesehen und war angesichts der vielen glänzenden Knöpfe leicht überfordert. Schließlich wagte er, an einem zu drehen, und spürte zu seiner Überraschung, wie ein kühles, klares Nass über seine Hände lief. Instinktiv hielt er auch den Kopf darunter und spürte zu seiner Erleichterung, wie sich der Schmerz langsam linderte. Haare und Heiligenschein tropften noch, als er schon zum Essen gerufen wurde. Vorsichtig tupfte er sich mit einem der weichen Tücher trocken und setzte sich auf den Platz, wo schon ein Teller mit knuspriger Gänsebrust neben Klößen und Rotkohl auf ihn wartete. Es duftete ungewohnt, aber verlockend gut …

„Willst du dich jetzt ein wenig ausruhen? Ich mache dir schnell das Gästezimmer fertig." Für einen Engel muss schon alles ganz besonders schön sein, dachte die Frau und kramte die neue Bettwäsche hervor. Die ist so kuschelweich, da wird er sich wohlfühlen wie daheim auf seiner Wolke.

Aber als Nathanael sich hinlegen wollte, spürte er, dass ihm das mit seinen Flügeln nicht so recht gelingen wollte. Also bat er die Frau, ihm diese ohnehin drückenden Dinger abzunehmen. Seinen Heiligenschein legte er auf den Nachttisch. Er zog das hellblaue Nachthemd über, das er unter der Bettdecke fand, stellte sich vor den Spiegel und staunte nicht schlecht über sein verändertes Aussehen. Er hatte zwar noch nie einen Spiegel gesehen, aber da im Himmel alle Engel einander ähnlich sahen, hatte er stets geahnt, wie er sich sein Aussehen vorstellen musste. Von all den neuen Eindrücken müde geworden, schlief er schnell ein und träumte davon, dass die anderen ihn im Himmel auf allen Wolken suchten.

Doch als er eine Stunde später ausgeruht erwachte und im Haus wieder so ungewohnt herrliche Düfte wahrnahm, vergaß er seinen Traum und begab sich ins Wohnzimmer, wo heißer Tee mit Kandis auf ihn wartete. Dazu gab es Christstollen und Zimtsterne. Auf dem kleinen Ecktisch standen mit silbernen und goldenen Sternen verzierte Tannenzweige, darunter brannten Kerzen.

Eine Weile hörte man nichts als das Knistern von Holz im Kamin: Mit dem Blick auf die Flammen begann die Frau allmählich leise, von ihrem Kummer zu erzählen, der sie bewegt hatte, die Nähe eines Engels herbeizusehnen. Nathanael hörte zu. Stundenlang. Als sich die Frau all ihre Not und ihre Sorgen von der Seele geredet hatte, begann Nathanael mit seiner göttlichen Stimme ein Benedictus vorzusingen, in dem all ihre Schmerzen aufgehoben wurden. Tiefer Frieden durchwob ihre Seele, so dass sie einschlief. Nathanael trug sie behutsam ins Schlafzimmer, legte sie auf ihr Bett, ohne dass sie erwachte, ging zurück ins Wohnzimmer und löschte die Kerzen …

Als die Weihnachtstage vorüber waren, meinte Nathanael, dass er gern einmal in die Stadt gehen würde. „In deinem Engelsgewand kannst du dich aber da nicht blicken lassen", sagte die Frau und legte ihm Jeans und einen wollenen Pullover von sich hin. Steht mir, dachte Nathanael, als er sich im Spiegel betrachtete. In eine dicke Steppjacke gehüllt und seine blonden Locken unter einer Pudelmütze verbergend, begab er sich in Richtung Marktplatz, wo viele Menschen umherliefen, einige, um die neuen Schaufensterdekorationen für Silvester zu bewundern, andere, um ihre Weihnachtsgeschenke umzutauschen. So menschlich Nathanael auch ohne Flügel und Heiligenschein in seinen Jeans aussah, hatte er doch nicht die Rechnung mit seiner lichtvollen Ausstrahlung gemacht, durch die er immer noch als Engel identifiziert wurde. So hörte er schon bald in einem

Autoradio die Nachricht dröhnen: „Bitte fahren Sie vorsichtig, in der Hauptstraße kommt Ihnen ein Engel entgegen!" Überall staunten die Menschen über ihn und drängten sich danach, ihn zu berühren. Und das Wunder geschah: Das Herz eines jeden Menschen, der ihn auch nur im Geringsten angetastet hatte, wurde von lichtem Glanz und heilvollem Frieden durchwebt, er fühlte sich getröstet und in sich selbst geborgen und ahnte darin Spuren göttlichen Lichts.

Nathanael war von all den vielen neuen Eindrücken müde und erschöpft, als er wieder zu seiner Gastgeberin zurückkam. Zudem machte sich allmählich ein schlechtes Gewissen in ihm breit. Er hatte das himmlische Weihnachtssingen versäumt und würde mit einer dicken Strafe rechnen müssen. Wohl oder übel musste er jetzt zum Himmel zurück, um die Sache nicht noch schlimmer zu machen, als sie ohnehin schon war. Doch die Frau empfing ihn wieder so herzlich mit Tee und Gebäck, dass er die Umsetzung seines eben gefassten Entschlusses noch ein wenig aufschob. Auf eine Stunde mehr oder weniger kommt es jetzt auch nicht mehr an, dachte er. Bedrückt zog er sich in sein Zimmer zurück – und erstarrte vor Schreck. Seine Flügel waren um die Hälfte geschrumpft und der Heiligenschein war kaum größer als eine Untertasse. Mit den kleinen Flügeln komme ich nie mehr nach oben, und mit dem Heiligenschein mache ich mich vor allen anderen Engeln mehr als lächerlich. Er stöhnte so laut auf, dass die Frau erschrocken in sein Zimmer kam. Mit einem Blick erfasste sie die Situation. „Schlaf jetzt erst einmal", tröstete nunmehr sie ihn, „vielleicht ist morgen ja alles wieder in Ordnung. Es war ein Wunder, dass du mir vom Himmel gefallen bist, warum soll sich für dich kein Wunder ereignen?" Diese Worte leuchteten Nathanael ein. Aber er fand in der Nacht keine Ruhe. Alle Stunde wachte er auf, knipste das Licht an und wartete auf das Wunder. Doch vergebens. Es kam sogar noch schlimmer. Am kommenden Morgen waren die Flügel sowie der Heiligenschein vollends verschwunden. Beim Frühstück bekam er kaum einen Bissen herunter. Was sollte er jetzt tun?

Er zog sich wieder die dicke Winterjacke an, setzte sich die Pudelmütze auf, wickelte sich einen Schal um den Hals und schlich bedrückt aus der Stadt hinaus. Die schneebedeckten Felder und Tannenhaine glitzerten im Sonnenlicht, dann und wann vernahm er den Schrei einer Krähe. Wie schön die Erde ist, dachte er, während er durch den Schnee wanderte. Je länger er ging, umso ruhiger wurde er. Wäre er denn überhaupt gern in den Himmel zurückgekehrt? …

Und wenn das Wunder darin bestand, dass er hier bleiben durfte? Vielleicht hatten ihn die Flügel deshalb so gedrückt, weil der Himmel gar nicht der richtige Ort für ihn gewesen war. Dieser Gedanke stimmte ihn wieder heiter. „Ja, so wird es sein, es ist meine Bestimmung, unter den Menschen zu bleiben und sie mit meiner heilvollen Nähe zu trösten, so wie ich am Heiligen Abend den Kummer der Frau von ihrem Herzen hatte nehmen können“, flüsterte er leise vor sich hin.

Wenn dir einmal ein Mensch in deiner Not beisteht und dir deinen inneren Frieden zurückgibt, so dass du einen neuen Anfang wagen kannst, dann darfst du gewiss sein, dass dir ein Engel begegnet ist. Selbst wenn er eine Steppjacke, Jeans und eine Pudelmütze trug.

Der Engel, der das Licht in uns hütet

Der Engel, der das Licht in uns hütet,
möge uns, die wir in dieser Welt
immer auch bedrängt sind von der Finsternis
oder von Mächten, die uns feindlich gesinnt sind,
Befreiung schenken.
Der Engel, der das Licht in uns hütet,
halte seine schützenden Flügel über uns,
damit wir frei werden von den Bedrängnissen,
die auf uns einstürmen,
und damit die Traurigkeit
keine Macht über uns gewinnt,
sondern sich das göttliche Licht
der Liebe und Wärme in unserem Herzen
immer mehr ausbreiten und uns prägen kann.
Christus schütze mit seinen Engeln unser Herz
und befreie es von allem, was es bedroht,
damit das helle Licht Gottes
in uns aufstrahlen kann.

Nach Anselm Grün

6

Der Stern in der Nacht

Es führt' drei König' Gottes Stern

Worte: Nach Friedrich von Spee (1591–1635)
Melodie: Köln 1880

Es führt' drei König' Gottes Stern
aus Morgenland zu ihrem Herrn,
zum Christkind durch Jerusalem
in einen Stall nach Betlehem.
Gott führ auch uns zu diesem Kind,
auf dass wir in ihm selig sind.

Im Stern erschien ein Kind mit Kron',
das saß auf einem hohen Thron,
ein goldnes Kreuz sein Zepter war,
und leuchtet' wie die Sonne klar.
Gott schenk auch uns den neuen Tag,
da dieser Stern uns leuchten mag.

Und als sie von der Krippe kehr'n,
will keine Not ihr Herz beschwer'n,
ihr Zehrgeld das süß' Kindlein war,
ihr frei' Geleit der Engel Schar.
Gott sei auch unsrer letzten Zeit
mit seinen Engeln Weggeleit.

Caspar, Melchior, Balthasar

Die Namen der Weisen aus dem Morgenland hat man schon früh mit Caspar, Melchior und Balthasar genannt. In der Volksfrömmigkeit wurden sie zu den beliebten Reisepatronen und Nothelfern in Gefahr: Sie sind weite Wege gegangen und haben doch ihren Weg nie verfehlt. Sie sind Menschen, die über ihr Leben bestimmen und nicht von anderen beherrscht werden, die im Einklang mit sich selbst sind und eine königliche Würde haben. Die Überlieferung hat daher aus den biblischen Weisen Könige gemacht. Könige, die aber gerade die Zeichen ihres Königtums ablegen und vor dem göttlichen Kind in die Knie gehen.

Die königlichen Weisen auf dem Weg nach Betlehem sind Sterndeuter. Sie deuten die Sterne, die am Himmel stehen, aber auch die Sterne, die in unserem Herzen aufgehen. Sie bezeugen, dass Gottes Hand über Sternstunden und Stunden der Enttäuschung hinweg, auf verschlungenen Wegen, das Menschenherz zu dem Stern führt, der über dem göttlichen Kind leuchtet.

„Der Stern, der am Firmament deines Herzens steht, ist ein Bild für die Sehnsucht, die dich treibt. Trau deiner Sehnsucht, folge ihr bis zum äußersten Rand. Deine Sehnsucht wird dich nicht in Ruhe lassen, bis du Gott findest als das letzte Ziel deines Sehnens" (Anselm Grün).

Blick nach oben

Gisela Ibele / Therese Nolte

Sterne sind seit alter Zeit Himmelszeichen, die auf Erden den Weg zeigen. 26 Mal wird in der Bibel von den Sternen erzählt. In der Wüste oder auf den Weltmeeren ist es Überlebenssache, sich von Sternbildern führen zu lassen. Sie zeigen den Weg und geben Orientierung. Dazu kommt die Erfahrung, dass die Menschen in der Wüste aufeinander angewiesen sind, das macht dankbar und bescheiden.

Wir kennen das Gefühl, „weder aus noch ein zu wissen" – ich kann mich in mein Schneckenhaus zurückziehen, ich kann aber auch meinen Kopf heben, meine Blickrichtung ändern, mich umschauen, nach den Sternen Ausschau halten. Der Blick zum Himmel richtet mich immer wieder auf.

Ich beobachte den nächtlichen Sternenhimmel. Ich frage mich: Bin ich himmelwärts gerichtet? Wer oder was sind meine Sterne? Woran orientiere ich mich? Wer oder was ist mein Wegweiser?

Ist Gottes Botschaft für mich ein wegweisender Stern?

Keine Weihnachtskrippe ohne den „Stern von Betlehem", der den Weg zum neugeborenen Jesuskind gewiesen hat …

Ein Stern geht in Jakob auf

Ludwig Schick

Sterne machen die Nacht erträglich. Der Tag ist dem Menschen vertraut; er ist *seine* Zeit; der Psalm 104 stellt fest: „Strahlt die Sonne auf …, geht der Mensch hinaus an sein Tagwerk, an seine Arbeit bis zum Abend." Dagegen ist „die Nacht keines Menschen Freund", wie ein Sprichwort bekundet. Sie macht dem Menschen Angst und verunsichert ihn. Die Sterne erleuchten die Nacht und können die Angst vor der Finsternis nehmen.

Die Sterne geben Orientierung. Wer den Sternenhimmel kennt, der kann auch in finsterer Nacht seinen Weg finden. Die Seefahrer bestimmten ihre Routen über das Meer durch die Sterne. Im Psalm 136 heißt es: „Danket dem Herrn, denn er ist gütig … der die Großen Leuchten gemacht hat … die Sonne zur Herrschaft über den Tag … Mond und Sterne zur Herrschaft über die Nacht" (Psalm 136,1.6.7). Eine ganze Wissenschaft, Astronomie genannt, mit Sternwarten und Planetarien, erkundet die Sterne, ihre Konstellationen und Veränderungen.

Die eben genannten praktischen Erfahrungen mit den Sternen werden auf das Leben und Verhalten der Menschen übertragen. Die Sterne sollen auch Orientierung bei Lebensentscheidungen und die richtigen Antworten bei persönlichen und sogar politischen Fragen geben.

Die Sterndeutung, auch Astrologie genannt, ist eine alte Kunst, und die Sterndeuter, die auch als Wahrsager bezeichnet werden, sind seit Menschengedenken hoch angesehen. Primitiv wird sie in den Horoskopen ausgeübt, die von der Vorstellung ausgehen, dass die Sterne und ihre jeweilige Stellung den Willen und die Entscheidungen des Menschen bestimmen oder sogar ersetzen können. Die Sterne werden als die Beherrscher des Schicksals der Menschen und der Geschichte gesehen.

Die Bibel hat die Sternkunde, die Astronomie, immer anerkannt, sich aber stets gegen die magische Sterndeutung gewendet. Der Prophet Daniel polemisiert gegen die Astrologie, indem er sagt: „Weise und Wahrsager, Sterndeuter und Astrologen, vermögen dem König das Geheimnis, nach dem er fragt, nicht zu enthüllen. Aber es gibt im Himmel einen Gott, der die Geheimnisse offenbart“ (Daniel 2,27–28). Paulus schreibt im Galaterbrief: „So waren auch wir, solange wir unmündig waren, Sklaven der Elementarmächte dieser Welt“ (Galater 4,3). Zu diesen Elementarmächten gehört der Himmel mit den Sternen. Sie können aber kein Heil bewirken, sondern nur Jesus Christus, der Sohn Gottes, den er sandte, „geboren von einer Frau und dem Gesetz unterstellt“ (vgl. Galater 4,4). Nicht die Sterne bestimmen das Schicksal der Menschen, sondern Gott allein.

Die Sterne haben das Lebensgefühl der Menschen oft sehr positiv bestimmt. So bekennt *Jean Paul*: „Gegen die Erde gibt es keinen Trost als den Sternenhimmel“. Und *Johann Wolfgang Goethe* dichtet in Faust (Der Tragödie Zweiter Teil): „Nacht ist schon hereingesunken, schließt sich heilig Stern an Stern. Große Lichter, kleine Funken, glitzern nah und glitzern fern.“

In der Meinung vieler Menschen künden die Sterne zukünftige Ereignisse an: Das Verlöschen oder Herabfallen von Sternen bedeutet Unheil. Im althochdeutschen Epos „Heliand“ steht: „Es fallen die Sterne, die hellen Lichter des Himmels und es erhebt sich die Erde, es bebt diese breite Welt.“ Neue Sterne am Himmel haben dagegen Hoffnungen und Erwartungen geweckt. Sie kündigten an, dass auf der Erde irgendetwas Besonderes, meist Gutes und Schönes geschehen werde. Der hell leuchtende Stern, den die Weisen im Morgenland sahen, zeigt an, dass Gott erneut Huld und

Gnade über den Menschen leuchten lässt. Es ist „*ein*" neuer Stern, den die Magier entdecken, was darauf hinweist, dass Gottes Huld und Gnade in einem Menschen auf die Welt kommt.

Ein göttlicher Erlöser der Menschheit, ein Messias, wurde von vielen Religionen erwartet. Im Alten Testament ist er angekündigt worden. So heißt es im Buch Numeri: „Ein Stern geht in Jakob auf, ein Zepter erhebt sich in Israel" (Numeri 24,17). Dieser Vers wird als Ankündigung des Messias verstanden und spielt in der Kindheitsgeschichte Jesu eine wichtige Rolle. Das erste Kapitel des Hebräerbriefes ... bekundet, der Messias werde nicht nur Mensch, sondern Gottes Sohn sein. „Viele Male und auf vielerlei Weise hat Gott einst zu den Vätern gesprochen durch die Propheten; in dieser Endzeit aber hat er zu uns gesprochen durch den Sohn, den er zum Erben des Alls eingesetzt und durch den er auch die Welt geschaffen hat" (Hebräer 1,1–2).

Vom kleinen Stern, der sich verflogen hatte

Andrea Schwarz

Zugegeben – es geschah vor langer Zeit. Und ich habe die Geschichte auch nur gehört. Und ich weiß auch gar nicht, ob sie wahr ist. Aber sie ist schön. Und sie könnte wahr sein. Und das allein reicht mir als Grund, um sie aufzuschreiben.

Es gibt Millionen und Abermillionen von Sternen an unserem Himmel. Und außer Gott kann niemand genau sagen, wie viele es eigentlich sind. Und ich glaube, sogar Gott sollte man einen Tag Zeit geben, um diese Frage zu beantworten. Denn auch Sterne werden geboren und sterben wieder, kommen aus der Unendlichkeit und kehren in die Unendlichkeit zurück – genau wie wir Menschen.

Und manchmal braucht auch das himmlische Bürgerbüro ein wenig Zeit, um die Daten korrekt zu erfassen und weiterzugeben.

Ja, es gibt junge und kleine Sterne – und die sind nicht viel anders, als junge und kleine Menschen sind. Sie brauchen viel Liebe, trauen sich manchmal zu viel zu, bezaubern einen irgendwie und können einen zugleich manchmal unsagbar nerven.

Desidorio war solch ein kleiner und junger Stern. Und er bemühte sich redlich, ein guter Stern zu sein und zu werden. Er hörte den großen Sternen zu, er arbeitete die Lernprogramme für junge Sterne gewissenhaft durch, nahm seine Termine wahr – und doch: Wenn im Himmel ein wichtiges Fußballspiel zwischen Engelsstürmern und Sternenfliegern anstand, konnte es schon mal sein, dass er auch einen Termin nicht mehr im Blick hatte.

Es war an einem Abend vor langer, langer Zeit. Da beschloss eine Gruppe von Wolken, sich besonders fein zu machen, sich rot-rosa-lila zu färben und einfach dahinzuschweben. Und sie sangen dabei ganz leise vor sich hin! Und als Desidorio diese Wolken sah, war er einfach hin und weg. Sie waren so was von schön!

Und in seiner Freude und Aufregung wollte er einfach hinterher, er wollte den Wolken folgen und ihren Farben. Und vor lauter Aufregung verließ er sogar den Platz im Himmel, der ihm zugeteilt worden war – und segelte mit den Wolken und freute sich und genoss es aus ganzer Seele, freute sich an dem Wind, an Farben und Gesang! Und er atmete tief durch und liebte das Leben und vergaß ganz, dass er ein Stern war, der eigentlich auf seinem Platz leuchten sollte.

Es kam, wie es kommen musste. Auch das rauschende Fest der Wolken hatte einmal ein Ende. Die rot-rosa-lila Farbe wechselte wieder ins Alltagsgrau, sie hingen schwer und düster am Himmel – und sie sangen auch nicht mehr. Dem kleinen Stern wurde plötzlich ganz kalt. Er schaute sich um – aber er war allein. Da war kein anderer Stern mehr zu sehen, da gab es keine Farben, keinen Klang mehr.

Er war allein, ganz fürchterlich allein.

Und als unserem kleinen Stern dies bewusst wurde, schluckte er einmal tief – und dann fing er an zu weinen. In seiner Freude an den Wolken hatte er sich auf den Weg gemacht. Er hatte ihnen getraut und war mit ihnen gegangen. Und da war er jetzt – allein und verlassen.

Ich hätte es wissen müssen, flüsterte der kleine Stern vor sich hin. Manchmal gaukelt uns das Leben etwas vor, was es nicht einlöst – so wie die Wolken. Aber die Erkenntnis kam für unseren kleinen Stern ein wenig spät – er hatte auf das eine gesetzt und das andere verlassen.

Er weinte bitterlich – und fiel schließlich in einen unruhigen Schlaf. Irgendwann nachts erwachte er – und als ihm klar wurde, wo er war, nämlich irgendwo im Niemandsland zwischen Himmel und Erde, dass es kein Zuhause für ihn gab, keine Heimat, fing er wieder an zu weinen. Er war in die Irre gegangen – und wusste nicht mehr, wie es weitergehen sollte. Aber – hatte da nicht jemand gerufen? Er schaute sich um – da war so viel Dunkel und ganz viel Stille. Aber wenn er ganz genau hinschaute, war da nicht ein kleines Licht? Wenn er genau hinhörte, gab es da nicht einen leisen Klang? Man könnte ja wenigstens mal nachschauen, was da los ist.

Und so flog ein kleiner, junger Stern, vollkommen verunsichert und vollkommen durcheinander, zu einem Stall nach Betlehem. Und da sagte ein Kind zu ihm: Ich brauch dich! Du musst den Menschen den Weg zu mir weisen – und du sollst die Nacht erhellen.

Und Desidorio suchte sich einen Platz am Himmel und leuchtete vor sich hin. Er schenkte dem Kind in der Krippe sein Licht, er wies den drei Weisen aus dem Morgenland den Weg, er ging mit den Hirten mit.

Der Stern von Betlehem, das ist eigentlich ein ganz kleiner und junger Stern, der sich verlaufen, oder vielleicht richtiger, sich „verflogen" hat – und der trotzdem dazu auserkoren wurde, über der Krippe und über dem Kind zu leuchten. So erzählt es zumindest diese alte Geschichte.

Wie gesagt, das ist eine alte Geschichte, und ich weiß auch nicht, ob sie wahr ist. Aber ich finde sie schön. Ein kleiner und junger Stern wird zum Wegweiser zum Kind in der Krippe, zu dem Gott, der Mensch wird.

Diesem Stern kann ich gut folgen.

7

Licht fürs neue Jahr

Lied an das Licht

Worte: Huub Oosterhuis
Melodie: Antoine Oomen

Licht, das uns anstößt früh am Morgen,
zeitloses Licht, in dem wir stehn,
kalt, jeder einzeln, ungeborgen,
Licht, fach mich an und lass mich gehn.
Dass keiner ausfällt, dass wir alle,
so schwer und traurig wir auch sind,
nicht aus des andern Gnade fallen
und ziellos, unauffindbar sind.

Licht, meiner Stadt getreuer Hüter,
bleibendes Licht, das einst gewinnt.
Wie meines Vaters feste Schulter
trag mich, dein Ausschau haltend Kind.
Licht, Kind in mir, mit meinen Augen
schau aus, ob schon die Welt ersteht,
Wo Menschen würdig leben dürfen
und jeder Name Frieden trägt.

Alles wird weichen und verwehen,
was nicht geeicht ist auf das Licht.
Sprache wird nur Verwüstung säen,
und unsre Taten bleiben nicht.
Vielstimmen-Licht in unsren Ohren,
solang das Herz in uns noch schlägt.
Liebster der Menschen, erstgeboren,
Licht, letztes Wort von Ihm, der lebt.

Stephanus

Seit dem frühen Christentum wird zwischen Weihnachten und dem Neujahrstag, am 26. Dezember, des heiligen Stephanus gedacht, des ersten christlichen Märtyrers. Im Licht einer Vision sieht der junge Diakon und leidenschaftliche Prediger den offenen Himmel und betet: „Nimm meinen Geist auf!" Das ist der letzte Teil der Weihnachtsbotschaft: die Zuversicht, dass die Hand, die Gott der Welt in Betlehem gereicht hat, sogar den Tod überwindet.

Stephanus' Gesicht erschien denen, die auf ihn blickten, „wie das Gesicht eines Engels". Die Geburt Jesu hat die Nacht der Welt erhellt und Lichtglanz Gottes in die Finsternis gebracht. Stephanus hat das Licht von Weihnachten so verinnerlicht, dass der Friede des Kindes von Betlehem in ihm lebt, selbst im Tod.

Das Licht des Weihnachtssterns will in das neue Jahr führen. Es will Menschen von innen verwandeln, so dass sie etwas von der Liebe spüren und ausstrahlen, die in Jesus erschienen ist. Anfang einer Welt, die ein wenig heller und wärmer ist, liebevoller und zärtlicher.

Irischer Segenswunsch

Mögest du immer Arbeit haben,
etwas zu tun für deine Hände,
und immer Geld in der Tasche,
so viel du zum Leben brauchst.

Möge das Sonnenlicht
auf dein Fenstersims scheinen
und dein Herz voll Gewissheit sein,
dass jedem Regen
ein Regenbogen folgt.

Der Tag sei dir günstig
und die Nacht dir gnädig.
Die gute Hand eines Freundes
möge dir immer nahe sein,
und Gott möge dir dein Herz erfüllen
und dich mit Freude ermuntern.

Am Ende eines Jahres

Am Ende eines Jahres
gehen meine Gedanken zurück.
Was habe ich getan? Was habe ich versäumt?
Und wieder ist ein Jahr vergangen.

Am Ende eines Jahres
gehen meine Gedanken in die Zukunft.
Was wird mich erwarten? Wie viel Zeit habe ich noch?
Was bringt das neue Jahr?

Am Ende eines Jahres
suche ich Zuflucht bei dir.
Du, Gott, gibst meinem Leben eine Zukunft.
Anno Domini, im Jahre des Herrn.

Ich lege alles in deine Hände,
mein Heute und mein Morgen,
mein Lieben,
meine Tränen,
meine Fehler und meine guten Träume.
Bei dir ist alles gut aufgehoben.

Rainer Haak

Gott segne das neue Jahr

Gott segne das neue Jahr für dich.
Er segne deinen Winter
und deinen Frühling,
deinen Sommer
und deinen Herbst.
Er segne deine Pläne
und lasse gelingen,
was gut ist für dich und andere.
Er segne deine guten Vorsätze
und helfe dir,
sie in die Tat umzusetzen.
Er schenke dir genügend Arbeit
und Zeit zur Muße und zum Ausruhen.
Er schenke dir Menschen,
die dir zur Seite stehen,
wenn die Tage schwer werden,
und die sich mit dir freuen,
wenn du glücklich bist.
Gott segne das neue Jahr für dich
und lasse dich zu einem Segen werden.

Rainer Haak

Zum neuen Jahr

In Ihm sei's begonnen,
Der Monde und Sonnen
An blauen Gezelten
Des Himmels bewegt!
Du, Vater, du rate!
Lenke du und wende!
Herr, dir in die Hände
Sei Anfang und Ende
Sei alles gelegt!

Eduard Mörike

Mein sind die Jahre nicht

Mein sind die Jahre nicht,
die mir die Zeit genommen;
mein sind die Jahre nicht,
die etwa möchten kommen.
Der Augenblick ist mein,
und nehm ich den in Acht,
so ist der mein,
der Jahr und Ewigkeit gemacht.

Andreas Gryphius

Du weißt den Weg

In mir ist es finster, aber bei Dir ist das Licht;
ich bin einsam, aber Du verlässt mich nicht;
ich bin kleinmütig, aber bei Dir ist die Hilfe;
ich bin unruhig, aber bei Dir ist der Friede;
in mir ist Bitterkeit, aber bei Dir ist die Geduld;
ich verstehe Deine Wege nicht,
aber du weißt den Weg für mich.

Dietrich Bonhoeffer

Unter einem guten Stern

Für die leisen Klagen
ein offenes Ohr haben
und für den Kummer
ein empfindsames Herz.
Den Geknickten
wieder aufrichten
und dem Verlorenen
seine Würde zurückgeben.
Der Liebe
Tor und Tür öffnen
und der Versöhnung
den Weg bereiten,
damit das Leben
unter einem guten Stern
stehen kann.

Christa Spilling-Nöker

Neujahrsgebet

Herr,
meine Sehnsucht ist größer
als jede Erfüllung,
die die Welt geben kann.
Ich hungere und dürste
nach einem Wort von dir.
Du bist es,
der meinen Hunger und Durst stillen kann.
Du bist die Quelle,
aus der das Wasser ewigen Lebens strömt.
Du wirst all meine Sehnsucht erfüllen
und einmal alles Schwere,
das ich zu tragen habe,
von mir nehmen

Peter Dyckhoff

Quellenverzeichnis

Heinz Josef Algermissen, Morgenstern in finst'rer Nacht. Ein Begleiter für die Advents- und Weihnachtszeit. Verlag Herder Freiburg im Breisgau 2005.

Adalbert L. Balling, Im Licht der Heiligen Nacht. Geschichten, Erinnerungen, Gedanken zur Advents- und Weihnachtszeit. Verlag Herder Freiburg im Breisgau 2002.

Otto Betz, Des Lebens innere Stimme, Weisheit in Symbolen. Verlag Herder Freiburg im Breisgau 2001.

Dietrich Bonhoeffer, Widerstand und Ergebung. Briefe und Aufzeichnungen aus der Haft, 17. Aufl. 2002. by Gütersloher Verlagshaus, Gütersloh, in der Verlagsgruppe Random House GmbH, München.

[Phil Bosmans,] Weihnachten mit Phil Bosmans. Verlag Herder Freiburg im Breisgau 2. Aufl. 2000.

Phil Bosmans / Ulrich Schütz, Jedes Herz braucht ein Zuhause. Verlag Herder Freiburg im Breisgau 2006.

Eva Dicks (Hg.), Es kam ein Engel hell und klar. Ein Lesebuch zu Advent und Weihnachten. Topos-Plus-Taschenbuch. Verlag Butzon & Bercker, Kevelaer 2005.

Peter Dyckhoff, In der Stille vor dir. Gebete aus dem Geist großer christlicher Mystiker. Verlag Herder Freiburg im Breisgau 2006.

Frère Roger, Taizé, Einfach vertrauen. Gedanken und Begegnungen. Ausgewählt von Marcello Fidanzio. Verlag Herder Freiburg im Breisgau 2005.

Anselm Grün, Weihnachten – Einen neuen Anfang feiern. Fest zwischen den Zeiten. Herder Spektrum Taschenbuch. Verlag Herder Freiburg im Breisgau 4. Aufl. 2001.

Anselm Grün, Das kleine Buch der Engel. Wünsche, die von Herzen kommen. Hg. von Anton Lichtenauer. Verlag Herder Freiburg im Breisgau 4. Aufl. 2004.

Anselm Grün, Licht, das die Nacht erhellt. Der meditative Adventskalender. Gestaltet von Margret Bernard-Kreß, Freiburg im Breisgau 2007.

Anselm Grün / Andreas Felger, Engel – Boten göttlicher Nähe. Aquarelle und Meditationen. Neuausgabe, Freiburg im Breisgau 2006.

Rainer Haak, Dir neu begegnen. Gebete und Segensworte. Verlag Herder Freiburg im Breisgau 2004.

Hanns Dieter Hüsch / Marc Chagall, Das kleine Weihnachtsbuch. tvd-Verlag Düsseldorf 1997.

Gisela Ibele / Therese Nolte, Mehr Himmel wagen. Nicht-alltägliche Exerzitien. Verlag Herder Freiburg im Breisgau 2. Aufl. 2007.

Franz Kamphaus / Andreas Felger, Hinter Jesus her. Meditationen und Aquarelle. Verlag Herder Freiburg im Breisgau / Präsenz Kunst & Buch 2007.

Margot Käßmann / Joachim Wanke (Hg.), Heute seine Stimme hören. Das Lukasevangelium als Jahresbegleiter. Mit Aquarellen von Andreas Felger und Auslegungen von Bruder Franziskus Joest. Verlag Herder Freiburg im Breisgau 2003.

Gundula Kühneweg (Hg.), Gesegnete Weihnacht. Verlag Herder Freiburg im Breisgau 2007.

[Anthony de Mello,] Weihnachten mit Anthony de Mello. Texte für alle Tage der Advents- und Weihnachtszeit. Ausgewählt von Ludger Hohn-Morisch. Verlag Herder Freiburg im Breisgau 2001.

Corinna Mühlstedt / Margret Bernard-Kress, Hoffnung leuchtet wie ein Stern. Der meditative Adventskalender. Verlag Herder Freiburg im Breisgau 2006.

Henri Nouwen, Leben hier und jetzt. Jahreslesebuch. Aus dem Amerikanischen von Franz Johna. Herder Spektrum Taschenbuch. Verlag Herder Freiburg im Breisgau 2005.

Huub Oosterhuis, Ganz nah ist dein Wort. Verlag Herder Freiburg im Breisgau 1980.

Huub Oosterhuis, Augen, die mich suchen. Gebete und Meditationen zum Abschied. Verlag Herder Freiburg im Breisgau 2006.

Maria Otto / Ludger Hohn-Morisch (Hg.), Das Lächeln Gottes. Gebete unserer Zeit. Verlag Herder Freiburg im Breisgau 2003.

Joseph Ratzinger / Benedikt XVI., Der Segen der Weihnacht. Meditationen. Libreria Editrice Vaticana, Città del Vaticano 2005 / Verlag Herder Freiburg im Breisgau 2005.

Barbara Robinson, Hilfe, die Herdmanns kommen. Deutsch von Nele und Paul Maar. Verlag Friedrich Oetinger Hamburg 1974

Ulrich Sander (Hg.), Für jeden leuchtet ein Stern. Weihnachtliche Texte von Phil Bosmans, Anselm Grün, Andrea Schwarz, Christa Spilling-Nöker, Pierre Stutz. Verlag Herder Freiburg im Breisgau 2. Aufl. 2007.

Ludwig Schick, … und ist Mensch geworden. Ein Begleiter für die Advents- und Weihnachtszeit. Verlag Herder Freiburg im Breisgau 2006.

Andrea Schwarz, Und jeden Tag mehr leben. Ein Jahreslesebuch. Mit zwölf illustrierten Monatsseiten von Thomas Plaßmann. Verlag Herder Freiburg im Breisgau 2. Aufl. 2004.

Andrea Schwarz, Eigentlich ist Weihnachten ganz anders. Hoffnungstexte, Verlag Herder Freiburg im Breisgau 2007.

Christa Spilling Nöker, Vom Engel, der aus allen Wolken fiel. Und andere Weihnachtsengelgeschichten. Mit Illustrationen von Andrea Schraml. Verlag Herder Freiburg im Breisgau 2005.
Christa Spilling-Nöker / Margret Bernard-Kress, Engel verkünden den Frieden. Der meditative Adventskalender. Verlag Herder Freiburg im Breisgau 2005.
Christa Spilling-Nöker, Als ein Stern vom Himmel fiel. Und andere Weihnachtssterngeschichten. Verlag Herder Freiburg im Breisgau 2005.
Pierre Stutz, Weihnachten – unserer Sehnsucht folgen. Herder Spektrum Taschenbuch. Verlag Herder Freiburg im Breisgau 2001.
Pierre Stutz, Der Stimme des Herzens folgen. Jahreslesebuch. Verlag Herder Freiburg im Breisgau 2005.
Beate Vogt (Hg.), Weihnachten in den Worten der Dichter. Verlag Herder Freiburg im Breisgau 2007.

Textnachweise

S. 18: Nach Grün, Licht, das die Nacht erhellt, 4. Dez., und Mühlstedt, Hoffnung leuchtet wie ein Stern, 4. Dez.

S. 19: Matthias Claudius (1740–1815); hier zit. nach Kühneweg (Hg.), Gesegnete Weihnacht 18.

S. 20: Grün, Licht, das die Nacht erhellt, 9./10. Dez.

S. 22: Schwarz, Eigentlich ist Weihnachten ganz anders 23–28 (Auszug).

S. 26: Theodor Fontane (1819–1889), zit. nach Vogt (Hg.), Weihnachten in den Worten der Dichter 14.

S. 27: Stutz, Der Stimme des Herzens folgen, 4. Dez.

S. 28: Spilling-Nöker, Engel verkünden den Frieden, 1. Dez.

S. 29: Zit. nach Käßmann, Ankündigung eines Besuchs, in: Käßmann / Wanke (Hg.), Heute seine Stimme hören 157.

S. 32: Nach Grün, Licht, das die Nacht erhellt, 13. Dez., und Mühlstedt, Hoffnung leuchtet wie ein Stern, 13. Dez.

S. 35: Moritz Gottlieb Saphir (1795–1858).

S. 36: Algermissen, Morgenstern in finst're Nacht 15–22 (Auszug).

S. 38: Schwarz, Eigentlich ist Weihnachten ganz anders 68–70.

S. 40: Grün, Weihnachten – Einen neuen Anfang feiern 101.

S. 41: Ernst Anschütz (1780–1861) nach einem Liebeslied von Joachim August Zarnack (1777–1827).

S. 42: Vgl. Balling, Im Licht der heiligen Nacht, 49.

S. 43: Stutz, Weihnachten – unserer Sehnsucht folgen 93 f.

S. 44: Joseph Ratzinger / Benedikt XVI., Der Baum des Lebens, in: Ders., Der Segen der Weihnacht 44–51 (Auszug).

S. 50: Nach Mühlstedt, Hoffnung leuchtet wie ein Stern, 6. Dez.; Grün, Licht, das die Nacht erhellt, 6. Dez., und Grün, Das Geheimnis des Nikolaus, in: Sander (Hg.), Für jeden leuchtet ein Stern, 62.

S. 51: Sebastian Brant (1458–1521), zit. nach: Vogt (Hg.), Weihnachten in den Worten der Dichter, 102.

S. 52: Zit. nach Sander (Hg.), Für jeden leuchtet ein Stern 137–140.

S. 54: Zit. nach Bosmans / Schütz, Jedes Herz braucht ein Zuhause 115.

S. 55: Zit. nach Kamphaus / Felger, Hinter Jesus her, 15 f.

S. 56: Bettine von Arnim (1785–1859), zit. nach Vogt (Hg.), Weihnachten in den Worten der Dichter, 105.

S. 57: Zit. nach: Sander (Hg.), Für jeden leuchtet ein Stern 169.

S. 58: bei der Autorin; zit. nach Sander (Hg.), Für jeden leuchtet ein Stern 57.

S. 59: Frère Roger, Taizé, Einfach vertrauen 49–51.

S. 60: Spilling-Nöker, Engel verkünden den Frieden, 13. Dez.

S. 61: Zit. nach Nouwen, Leben hier und jetzt 108 f.
S. 62: Schwarz, Eigentlich ist Weihnachten ganz anders 93 f.
S. 68: Nach Mühlstedt, Hoffnung leuchtet wie ein Stern, 6. Dez.
S. 69: Betz, Des Lebens innere Stimme 166–168 (Auszug).
S. 70: Zit. nach Kamphaus / Felger, Hinter Jesus her 16 f.
S. 72: Zit. nach Otto / Hohn-Morisch, Das Lächeln Gottes 154 f.
S. 74: © beim Autor.
S. 76: Clemens Brentano (1778–1842).
S. 77: Barbara Robinson, Hilfe, die Herdmanns kommen. Deutsch von Nele und Paul Maar. © Verlag Friedrich Oetinger Hamburg 1974.
S. 82: Zit. nach: Huub Oosterhuis, Ganz nah ist dein Wort.
S. 84: Zit. nach Dicks (Hg.), Es kam ein Engel hell und klar 26 f.
S. 86: Zit. nach Vogt (Hg.), Weihnachten in den Worten der Dichter 68.
S. 87: Hanns Dieter Hüsch, Weihnachtswünsche (Wir bitten Gott den Allmächtigen), aus: Hanns Dieter Hüsch / Marc Chagall, Das kleine Weihnachtsbuch, Seite U4, 2006/10. © tvd-Verlag Düsseldorf, 1997.
S. 92: Nach Grün, in: Grün / Felger, Engel 100; 124.
S. 93: Schwarz, Und jeden Tag mehr leben 27.
S. 94: Schick, … und ist Mensch geworden 25–26 (Auszug).
S. 94: Nach Weihnachten mit Anthony de Mello 42 f.
S. 95: Grün, Das kleine Buch der Engel 31.
S. 96: Schwarz, Eigentlich ist Weihnachten ganz anders 77–78.
S. 98: Spilling-Nöker, Vom Engel, der aus allen Wolken fiel 17–24.
S. 103: Zit. nach Sander (Hg.), Für jeden leuchtet ein Stern 96.
S. 108: Nach Grün, Weihnachten – Einen neuen Anfang feiern 132–137.
S. 109: Ibele /Nolte, Mehr Himmel wagen 81 f.
S. 110: Schick, … und ist Mensch geworden 11–20 (Auszüge).
S. 113: Schwarz, Eigentlich ist Weihnachten ganz anders 109–112.
S. 118: Text zit. nach Oosterhuis, Augen, die mich suchen 19; Melodie zit. nach „Verzameld Liedboek“. © 2004 Gooi en Sticht / Kok, Kampen, Niederlande.
S. 120: Nach Grün, Licht, das die Nacht erhellt, 26. Dez., und Mühlstedt, Hoffnung leuchtet wie ein Stern, 26. Dez.
S. 121: Zit. nach Haak, Dir neu begegnen 15.
S. 122: Haak, Dir neu begegnen 38 f.
S. 123: Haak, „Das neue Jahr“, in: ders., Dir neu begegnen 37.
S. 124: Eduard Mörike (1804–1875).
S. 124: Andreas Gryphius (1616–1664).
S. 125: Dietrich Bonhoeffer, Widerstand und Ergebung. Briefe und Aufzeichnungen aus der Haft. 17. Aufl. 2002. © by Gütersloher Verlagshaus, Gütersloh, in der Verlagsgruppe Random House GmbH, München.
S. 126: Spilling-Nöker, Als ein Stern vom Himmel fiel 49.
S. 127: Dyckhoff, In der Stille vor dir 185.

Verzeichnis der Autorinnen und Autoren

HEINZ JOSEF ALGERMISSEN, geb. 1943, seit 2001 Bischof von Fulda. Mitglieder der Ökumene-Kommission der Deutschen Bischofskonferenz und seit 2002 Präsident des deutschen Zweiges der internationalen katholischen Friedensbewegung „Pax Christi". Bei Herder: „Morgenstern in finst'rer Nacht. Ein Begleiter durch die Advents- und Weihnachtszeit" (2005)

ERNST ANSCHÜTZ (1780–1861), Leipziger Lehrer, Dichter und Komponist vieler Volks- und Kinderlieder.

BETTINE VON ARNIM (1785–1859), deutsche Dichterin und politische Schriftstellerin.

ADALBERT LUDWIG BALLING, geb. 1933, Mariannhiller Missionar, Redakteur und Journalist; Autor vieler erfolgreicher Bücher. Zuletzt bei Herder: „Das große Sonntagslesebuch. Ein Schlüssel zu den Evangelientexten im Kirchenjahr" (2004); „Das kleine Sonntagsbuch. 52 Wünsche für ein gutes Jahr" (2006).

BENEDIKT XVI. (JOSEPH RATZINGER), geb. 1927. 1977–1981 Erzbischof von München und Freising; 1981–2005 Präfekt der Glaubenskongregation; 19. April 2005: zum Papst gewählt. Zahlreiche Veröffentlichungen bei Herder. Zuletzt: „Jesus von Nazareth" (2007).

OTTO BETZ, geb. 1927, Dr. theol. Bis 1985 Professor für allgemeine Erziehungswissenschaft und Religionspädagogik an der Universität Hamburg; zahlreiche Veröffentlichungen, bei Herder u. a. „Des Lebens innere Stimme. Weisheit in Symbolen" (2001).

MAX BOLLIGER, geb. 1929, Schweizer Schriftsteller und Kinderbuchautor.

DIETRICH BONHOEFFER, 1906–1945; ev. Pfarrer und Theologe; Widerstandskämpfer gegen das Hitler-Regime und Martyrer. Weltbekannt sind seine Briefe und Aufzeichnungen aus der Haft „Widerstand und Ergebung".

Phil Bosmans, geb. 1922; kath. Priester und Ordensmann, Begründer des „Bundes ohne Namen". Zahlreiche Veröffentlichungen (Weltgesamtauflage bei geschätzten über 9 Millionen). Zuletzt bei Herder: „Vergiss die Freude nicht" (Neuausgabe 2007), „Vergiss nicht zu leben. Gespräche zum Menschsein" (2007).

Sebastian Brant (1458–1521), deutscher Humanist, Rechtsgelehrter und Schriftsteller.

Clemens Brentano (1778–1842), deutscher Dichter

Matthias Claudius (1740–1815), deutscher Dichter.

Peter Dyckhoff, geb. 1937, Kaufmann und Priester, Psychologe und Theologe, Autor erfolgreicher geistlicher Veröffentlichungen. Zuletzt bei Herder: „365 Tage im Licht der Liebe. Geistlich leben nach Johannes vom Kreuz" (2007).

Theodor Fontane (1819–1898), deutscher Dichter.

Frère Roger, Taizé, 1915–2005; ev. Pfarrer und Gründer der ökumenischen Bruderschaft von Taizé. Initiator des „Konzils der Jugend", der Europäischen und Interkontinentalen Jugendtreffen und des „Pilgerwegs des Vertrauens auf der Erde". Zuletzt bei Herder: „Einfach vertrauen. Gedanken und Begegnungen" (2005).

Anselm Grün, geb. 1945; Dr. theol., Benediktiner und Verwalter der Abtei Münsterschwarzach; geistlicher Berater, Begleiter und Autor höchst erfolgreicher Veröffentlichungen. Zuletzt bei Herder: „Das Buch der Antworten" (2007), „Licht, das die Nacht erhellt. Der meditative Adventskalender. Gestaltet von Margret Bernard-Kress" (2007).

Andreas Gryphius (1616–1664), deutscher Dichter und Dramatiker des Barock.

Rainer Haak, Schriftsteller und Theologe, in zahlreiche Sprachen übersetzter Autor spiritueller Geschenkbücher. Zuletzt bei Herder: „Gras unter meinen Füßen. 366 guten Gedanken durch das Jahr" (2004); „Dir neu begegnen. Gebete und Segensworte" (2004).

Hanns Dieter Hüsch (1925–2005), deutscher Schriftsteller und Kinderbuchautor, Kabarettist, Schauspieler und Liedermacher.

Gisela Ibele, geb. 1963, Franziskanerin von Reute, Ausbildung zur Erzieherin und Gemeindereferentin, Leiterin des Projektes „Sinn-Welt Jordanbad" (www.jordanbad.de). Bei Herder (zusammen mit Therese Nolte): „Mehr Himmel wagen. Nicht alltägliche Exerzitien" (2007).

Franz Kamphaus, geb. 1932; Dr. theol., 1982–2007 Bischof von Limburg, lebt jetzt als Seelsorger mit behinderten Menschen. Zahlreiche Veröffentlichungen, zuletzt u. a. zusammen mit Andreas Felger: „Hinter Jesus her. Meditationen und Aquarelle“ (Verlag Herder / Präsenz-Verlag 2007).

Margot Kässmann, Dr. theol., Mutter von vier Kindern. Landesbischöfin der evangelisch-lutherischen Kirche Hannovers. Zuletzt bei Herder (zusammen mit Joachim Wanke): „Heute seine Stimme hören. Das Lukasevangelium als Jahresbegleiter“ (2003); „Bei uns alle Tage. Das Matthäusevangelium als Jahresbegleiter“ (2004); „Erfüllt ist die Zeit. Das Markusevangelium als Jahresbegleiter“ (2005).

Gundula Kühneweg, ev. Pfarrerin, Studium der ev. und kath. Theologie, arbeitet als freie Lektorin und Publizistin. Bei Herder u. a. „Gesegnete Weihnacht“ (2007), „Worte für Liebende“ (2007), „Zum freudigen Ereignis“ (2007).

Anthony de Mello, 1931–1987; Jesuit, geistlicher Begleiter und Autor weit verbreiteter Bücher mit Weisheitsgeschichten und zur Meditationspraxis. Zuletzt bei Herder in Neuausgaben: „Die Fesseln lösen. Einübung in erfülltes Leben“ (2005); „365 Geschichten, die gut tun. Weisheit für jeden Tag“ (2006).

Eduard Mörike (1804–1875), ev. Pfarrer, schwäbischer Lyriker, Erzähler und Übersetzer.

Corinna Mühlstedt, Journalistin und Autorin, zuletzt bei Herder u. a. (zusammen mit Margret Bernard-Kreß) „Hoffnung leuchtet wie ein Stern. Der meditative Adventskalender“ (2006).

Therese Nolte, geb. 1960, Franziskanerin von Waldbreitbach, ausgebildete Krankenschwester, Krankenhausoberin in Neustadt an der Weinstraße. Projekt „Bewahrung der Schöpfung“ (Schöpfungspfad, Kräuter-, Themen- und Bibelgarten …). Bei Herder (zusammen mit Gisela Ibele): „Mehr Himmel wagen. Nicht alltägliche Exerzitien“ (2007).

Henri Nouwen, 1932–1996; gab eine Karriere als Hochschulprofessor auf und schloss sich der von Jean Vanier gegründeten „Arche“-Bewegung eines gemeinsamen Lebens mit behinderten Menschen an. Zuletzt bei Herder: „Gebete aus der Stille“. Mit einer Einleitung von Anselm Grün“ (2005); „In einem anderen Licht. Von der Kunst des Lebens und Sterbens“. Hg. von Andrea Schwarz“ (2006); „Bilder göttlichen Lebens. Ikonen schauen und beten“. Neuausgabe, eingeleitet von Peter Dyckhoff (2007).

Huub Oosterhuis, geb. 1933; Priester und Dichter; schreibt seit vielen Jahren für die Liturgie der Amsterdamer Studentengemeinde. Zuletzt bei Herder: „Ich steh vor dir. Meditationen, Gebete und Lieder" (2004), „Augen, die mich suchen. Gebete und Meditationen zum Abschied" (2006).

Maria Otto, Dr. phil.; Redakteurin, Lektorin, Philosophin. Zuletzt bei Herder (zusammen mit Ludger Hohn-Morisch): „Das Lächeln Gottes. Gebete unserer Zeit" (2004).

Barbara Robinson, geb. in Portsmouth, lebt heute in einer Vorstadt von Philadelphia, Mutter zweier Töchter und erfolgreiche Kinderbuchautorin.

Moritz Gottlieb Saphir (1795–1858), österreichischer Schriftsteller und Journalist, geboren als Moses Saphir.

Ludwig Schick, Dr. theol., Erzbischof von Bamberg. Mitglied der Pastoralkommission der Deutschen Bischofskonferenz und der Kommission Weltkirche. Bei Herder „… und ist Mensch geworden. Ein Begleiter für die Advents- und Weihnachtszeit" (2006).

Andrea Schwarz, Industriekauffrau und Sozialpädagogin, heute in der Seelsorge und als gefragte Referentin tätig; eine der meistgelesenen christlichen Autoren unserer Zeit. Zuletzt bei Herder: „Bleib dem Leben auf der Spur. Geschichten von unterwegs" (2005), „Den Weg im Herzen tragen" (2006), „Eigentlich ist Weihnachten ganz anders. Hoffnungstexte" (2007).

Christa Spilling-Nöker, Dr. phil., geb. in Hamburg, ev. Pfarrerin mit pädagogischer und tiefenpsychologischer Ausbildung. Zahlreiche Veröffentlichungen. Bei Herder u.a. (zusammen mit Margret Bernard-Kress) „Engel verkünden den Frieden. Der meditative Adventskalender" (2005); „Als ein Stern vom Himmel fiel. Und andere Weihnachtssterngeschichten" (2007).

Pierre Stutz, geb. 1953; spiritueller Begleiter, Dichter und Autor viel beachteter Bücher. Bei Herder u.a.: „Der Stimme des Herzens folgen. Jahreslesebuch" (2005).

Beate Vogt, Studium der Germanistik und Romanistik. Lebt als freie Lektorin in Freiburg im Breisgau. Zuletzt bei Herder: „Weihnachten in den Worten der Dichter" (2007).

Geschenktipps

Weihnachten in den Worten der Dichter
Herausgegeben von Beate Vogt
Mit neun Weihnachtsgrafiken aus fünf Jahrhunderten
320 Seiten, gebunden mit Schutzumschlag und Lesebändchen
ISBN 978-3-451-29650-5
Eine kundige Auswahl deutscher Prosatexte und Gedichte aus fünf Jahrhunderten. Ob anrührend oder zeitkritisch: Zum Thema Weihnachten präsentieren sich die Literaten in Bestform.
Mit Texten von: Rose Ausländer, Heinrich Böll, Matthias Claudius, Theodor Fontane, Erich Fried, Durs Grünbein, Hermann Hesse, Franz Kafka, Mascha Kaléko, Heinrich von Kleist, Christian Morgenstern, Novalis, Rainer Maria Rilke, Adalbert Stifter, Theodor Storm, Kurt Tucholsky, Carl Zuckmayer u. v. a.

Die Bibel in den Worten der Dichter
Herausgegeben von Bertram Kircher
Mit Illustrationen von Julius Schnorr von Carolsfeld
704 Seiten, gebunden mit Schutzumschlag und Lesebändchen
ISBN 978-3-451-28676-6
Die „Bibel in den Worten der Dichter“ versammelt vom Mittelalter bis zur Literatur der Gegenwart alles, was Rang und Namen in der deutschen Dichterwelt hat. Der ganze Kosmos der Bibel wird in dieser einzigartigen Sammlung umfassend dargestellt. Sie erschließt ein neues Verständnis der biblischen Botschaft. Die Sprache der Dichtung lädt ein, dem alten Bibeltext neue Töne abzulauschen und vielleicht Alt-Vertrautes „in den Worten der Dichter“ neu wahrzunehmen.

Erhältlich auch als hochwertige Prachtausgabe:
Leinen mit Goldprägung auf der Vorderseite sowie auf dem Buchrücken, im hochwertigen bedruckten Schmuckschuber
ISBN 978-3-451-28720-6

HERDER

Weihnachtliche Texte

Vom Zauber jener Nacht
Wundervolle Geschichten, Legenden, Bilder und Gedichte zur weihnachtlichen Zeit
Mit Farbbildern aus der Kunst
160 Seiten, gebunden mit Lesebändchen
ISBN 978-3-451-29693-2

Für jeden leuchtet ein Stern
Weihnachtliche Texte von Phil Bosmans, Anselm Grün, Andrea Schwarz, Christa Spilling-Nöker und Pierre Stutz
Herausgegeben von Ulrich Sander
256 Seiten, gebunden
ISBN 978-3-451-29247-7

Gesegnete Weihnachten
Herausgegeben von Gundula Kühneweg
96 Seiten, gebunden
ISBN 978-3-451-29617-8
Kurze, starke Texte bekannter Autorinnen und Autoren – weihnachtliche Worte, die das Geheimnis des Weihnachtsfestes zum Leuchten bringen.

ANDREA SCHWARZ
Eigentlich ist Weihnachten ganz anders
Hoffnungstexte
160 Seiten, gebunden
ISBN 978-3-451-29645-1
Weihnachtliche Hoffnungstexte der Bestsellerautorin Andrea Schwarz: Jenseits von Kitsch und Kommerz erinnert sie auf alltagsnahe und zum Teil verblüffende Weise an den Zauber und das Geheimnis des Weihnachtsfestes.

HERDER

Inspirierende Lebensimpulse für jeden Tag

Andrea Schwarz

Und jeden Tag mehr leben

366 inspirierende Lebensimpulse

400 Seiten, gebunden in Halbleinen, mit Lesebändchen

ISBN 978-3-451-28228-7

Anselm Grün

Mit Herz und allen Sinnen

Gute Gedanken für jeden Tag

Preiswerte Sonderausgabe

400 Seiten, gebunden mit Lesebändchen

ISBN 978-3-451-28575-2

Pierre Stutz

Der Stimme des Herzens folgen

Jahreslesebuch

400 Seiten, gebunden mit Lesebändchen

ISBN 3-451-28743-9

Anthony de Mello

365 Geschichten, die gut tun

Weisheit für jeden Tag

Preiswerte Sonderausgabe

256 Seiten, zweifarbig gestaltet, mit Abbildungen, gebunden mit Lesebändchen

ISBN 978-3-451-29245-3

Poesie für jeden Tag

Jahreslesebuch

Herausgegeben von Judith Sixel

400 Seiten, gebunden in Halbleinen, mit Leseband

ISBN 978-3-451-28916-3

Ein Gedicht für jeden Tag, zusammengestellt aus 1000 Jahren deutschsprachiger Lyrik. Eine Liebeserklärung an die Poesie und das Leben.

Christian Feldmann

Kämpfer – Träumer – Lebenskünstler

Große Gestalten und Heilige für jeden Tag

672 Seiten, gebunden mit Schutzumschlag und Lesebändchen

ISBN 978-3-451-32049-1

720 Porträts beeindruckender Menschen, deren Bedeutung für die Gegenwart unverändert ist. Das große ökumenische Lesebuch.

Phil Bosmans

Vergiss die Freude nicht

Neuausgabe

96 Seiten, gebunden, hochwertiger Surbalin-Einband mit Fototitelschild und Schriftprägung.

ISBN 978-3-451-29620-8

Immer strahlen die Worte Phil Bosmans auf unnachahmliche Weise etwas von seiner menschlichen Wärme und seinem humorvollen Vertrauen in das Leben aus. Texte, die dazu einladen, die kleinen Zeichen der Hoffnung und Freude auch im Alltag wieder wahrzunehmen.

Mögen deine Wünsche den Himmel erreichen

Irische Segensworte für alle Anlässe

Herausgegeben von Peter Neysters

128 Seiten, gebunden

ISBN 978-3-451-29496-9

Für die bekannten Feste des Jahreskreises und alle wichtigen Anlässe im Leben – z. B. Geburt eines Kindes, Hochzeit, Krankheit oder Trauer – bietet dieses Buch eine Vielzahl irischer Segensworte. So kann bei vielen Gelegenheiten herzlich Segen zugesprochen werden.

Marcus C. Leitschuh / Bruder Paulus Terwitte

Trau dich, den Alltag anders zu leben

Farbig illustriert, mit vielen Abbildungen

96 Seiten, Klappenbroschur

ISBN 978-3-451-29190-6

Die Autoren geben praktische Impulse, wie wir dem Trott des Alltags entkommen. Es geht darum, offen zu bleiben für die Möglichkeiten, die der Alltag bereithält, für die Chance, bewusst und authentisch zu leben.

HERDER

www.herder.de

Umschlagmotiv: © Margret Bernard-Kress
Umschlaggestaltung: Jäger & Jäger Kommunikationsdesign
www.jaegerundjaeger.de

Satzgestaltung: SatzWeise, Föhren
Notensatz: SatzWeise, Föhren

Druck und Bindung: fgb · freiburger graphische betriebe
www.fgb.de

Gedruckt auf umweltfreundlichem,
chlorfrei gebleichtem, säurefreiem Papier
Printed in Germany

ISBN 978-3-451-29628-4